markus burkhard

macht ihr eure wende

ich bin verliebt

edition quinto bei Terzio

1. Auflage 2007
Lektorat: Dorothea Cerpnjak, Sylvia Mucke
Covergestaltung: Christine Paxmann
DTP: Ingo Engel, München
Druck und Bindung: fgb, Freiburger Graphische Betriebe
Printed in Germany
ISBN 978-3-89835-875-0
www.terzio.de

markus burkhard

Macht ihr eure wende

ich bin verliebt

terzio edition quinto

Tante Gerdi und ihr Besuch in der DDR, Juli 1989

Mein Name ist Paul. Ich bin ein DDR-Jugendlicher und bin 15 Jahre alt. Ich komme vom Land. Unser Dorf heißt Faulenrost und so ungefähr riecht es dort auch. Wenn man aus dem Dorf hinausgeht, wird es nicht besser. Vorm, hinterm und im Dorf riecht alles nach Kuhstall. Das liegt daran, dass sich im Dorf unsere LPG befindet, was „Landwirtschaftliche Produktionsgenossenschaft“ bedeutet. In dieser LPG werden Kühe produziert. Meine Mama, mein Papa und meine große Schwester Juliane arbeiten in der LPG. Mama in der Kantine, Papa auf dem Traktor und Juliane ist Lehrling für Rinderzucht. Die stellen die Kühe her.

Ich gehe noch zur Schule.

Wir wohnen mitten im Dorf in einer schönen Neubauwohnung, in einem dreistöckigen Plattenbau, genau in der mittleren Etage. Eine Treppe schaffe ich mit drei Sprüngen und deshalb habe ich gerade noch den Bus erwischt.

Der Bus hält in einigen Dörfern und schon bin ich in Neubrandenburg. Hier gehe ich zur Schule. Heute haben wir den letzten Schultag – den schönsten im ganzen Schuljahr. Deshalb haben wir auch alle die gleichen Hemden an. Die sind blau mit einer gelben Sonne auf dem Ärmel. Rudi hat so eins nicht an und deshalb ist sein Zeugnis noch schlechter als meins, aber das werde ich später erklären.

Zweimal im Jahr muss ich mit einem schlechten Zeugnis in der Mappe die fürchterliche Busfahrt nach Hause antreten.

Noch zwei Dörfer bis Faulenrost und mir ist immer noch keine Ausrede eingefallen. Ich reiße die dreieckige Papptüte auf. Vor lauter Aufregung habe ich in der Schule meine Fruchtmilch gar nicht getrunken. Eine Stulle von Mama ist auch noch übrig. Mal schauen, was drauf ist. Jagdwurst.

Noch ein Dorf bis Faulenrost. Wie erkläre ich denn nur diese schlechten Noten? Ein paar Stunden Zeit habe ich ja noch, bis Papa nach Hause kommt. Um diese Zeit fährt Papa noch Traktor und schleudert Kuhmist auf die Felder. Damit wir eine gute Ernte haben.

Der Ikarus-Bus hält in Faulenrost am Bushaltestellenhäuschen an. Mit hängendem Kopf steige ich aus. Der Busfahrer ruft: „Schöne Ferien, Paul!" Danke, die werde ich haben. Ganz langsam schleiche ich die Straße entlang zu unserem Neubaublock. Ich werfe die leere Papp-Milchtüte auf den Gehweg und trete drauf. Es knallt schön. Genau so könnte es vielleicht bald zu Hause knallen. Aus der Ferne höre ich eine Schwalbe[1]. Es ist die von unserem ABV, dem Abschnittsbevollmächtigten. Das ist bei uns Hauptmann Loregang, ein Polizist. Ich hebe die Papptüte wieder auf und werfe sie in eine Mülltonne. Hauptmann Loregang fährt an mir vorbei und winkt mir wohlwollend zu.

Ich steige die Treppen in unserem Neubaublock hoch. Mein Herz pocht. Ich öffne die Wohnungstür. Eine geballte Ladung BRD-Parfüm kommt mir entgegen und dann auch schon Tante Gerdi. Ich habe vier Tanten. Drei Osttanten und eine Westtante. Eine wohnt in Jena, eine in Leipzig, eine in Trinwillershagen und diese hier, die einzige Westtante, ist Gerdi aus Nürnberg. Die einzige Tante, die vor Mitternacht wieder abhauen muss. Vielleicht deshalb meine Lieblingstante.

Ich beiße die Zähne zusammen und reiche Mama mein Zeugnis. Sie unterschreibt es, ohne richtig draufzuschauen, weil sie Tante Gerdi mein FDJ-Hemd erklären muss. Die Freie Deutsche Jugend[2] – endlich hat sie mir mal was genützt! Trotzdem ziehe ich mich schnell um. Der FDJ-Quatsch kann mich

[1] Name eines in der DDR hergestellten Motorrollers

[2] Freie Deutsche Jugend (FDJ) – offizielle Jugendorganisation der DDR

jetzt mal, es sind schließlich Ferien. Mama schickt mich in den Konsum. Ich soll Brötchen und Marmelade kaufen. Tante Gerdi ist ganz wild auf unsere Brötchen. Sie sagt immer, dass die hier so lecker schmecken. Na ja, wenn Tante Gerdi meint … Jedenfalls bin ich gern im Konsum. Einen Konsum gibt es hier in jedem Dorf. Das ist ein Laden, in dem es alles gibt. Finde ich jedenfalls. Ich kaufe hier mein Fahrradflickzeug und Süßigkeiten. Papa kauft hier sein Bier, auch wenn er immer darüber schimpft, aber er kauft es regelmäßig. Mama kauft hier auch ein, wenn sie nicht gerade Juliane oder mich losschickt.

Also gibt es hier alles und deshalb verstehe ich Papa nicht, wenn er sagt: „Mutti, wir fahren an deinem Haushaltstag nach Berlin einkaufen! Hier haben die ja nichts!“ Mama hat einmal im Monat Haushaltstag. Da muss sie nicht arbeiten und ist zu Hause. Sonst arbeitet Mama täglich in der Kantine der LPG. Papa sagt immer, dass Mama dort schlecht kocht und zu Hause gut.

Von den zwei Mark, die mir Mama für die Marmelade und die Brötchen mitgegeben hat, sind nur noch 55 Pfennige übrig. Ich darf mir davon noch etwas kaufen, und das bei dem Zeugnis … Es reicht für die Himbeerbonbons und dann habe ich immer noch zehn Pfennige über.

Zuhause verabschiedet Mama Tante Gerdi allein vorm Wohnblock. Papa scheint immer noch nicht zurück zu sein. Schwein gehabt! Normalerweise will ich Tante Gerdi nicht mit verabschieden, aber heute will ich es doch. Ich kann mir dann noch einmal ihr Auto anschauen. Sie hat ein ganz tolles Auto. Auf ihrem Tacho ist sogar die 240 drauf! So ein Auto hat nur Tante Gerdi. Solche Autos fahren hier sonst nie herum. Wir haben auch ein Auto. Einen Trabant, wie fast alle, die hier ein Auto haben. Da geht der Tacho nur bis 120. Allerdings ist Papa noch nie 120 gefahren.

Wenn er 100 fährt, schimpft Mama schon immer. Man hört das aber kaum, denn bei 100 ist der Trabant lauter als Mama.

Das hat man nun davon, wenn man sich ein tolles Westauto anschauen will: Ich muss Tante Gerdis ekelhaften Abschiedsschmatzer direkt auf die Backe ertragen. Gleich kommt wieder ihr typischer Spruch: „Auf Wiedersehen, meine Lieben, und schade, dass ihr mich nicht besuchen könnt." Zugegeben, schade finde ich es auch. Aber nicht um den Besuch bei Tante Gerdi, sondern um Nürnberg. Wenn Papa jetzt hier wäre, würde er fluchen: „Scheiß Osten", und wenn er vorher noch sechs Bier, die aus dem Konsum, getrunken hätte, würde er säuseln: „Ich würde dich so gern mal besuchen, liebe Gerdi."

In Wirklichkeit kann Papa Tante Gerdi genauso wenig ausstehen wie ich.

Nun fährt sie los und beim nächsten Besuch wird sie wieder erzählen, dass ihr die Volkspolizei sehr viel Geld abgenommen hat, weil sie zu schnell gefahren ist. Kein Wunder bei 240.

Da reißt Mama mir das Einkaufsnetz aus der Hand: „Das war doch für Tante Gerdi!" Im gleichen Moment kommt Papa mit unserem Trabant angefahren.

Der letzte Schultag wird noch richtig spannend. Ich sitze neben Papa im Auto und er versucht, Tante Gerdi einzuholen, um ihr die Marmelade und die Brötchen zu bringen. Vielleicht schmeckt es ja aus unserem Konsum gar nicht so gut, wie Tante Gerdi immer sagt, und sie ist nur geizig. Immerhin erzählt sie jedes Mal, dass das Gleiche bei ihr in Nürnberg fünfmal so teuer ist. Papa kann Tante Gerdis Auto nicht einholen. Er holt alles aus dem Trabi raus. Der wird immer lauter. Tante Gerdi dreht sich nicht einmal um. Vielleicht liegt es daran, dass unser Auto mausgrau ist, genau wie die meisten hier. Ich finde diese Fahrt spannend. Papa heizt durch die Kurven wie noch nie.

Tante Gerdis Auto können wir nicht mehr sehen, dafür die Volkspolizei. Die halten Papa an: „Gudden Toch, Deutsche Volkspolizei, Hauptmann Loregang, was haben wir denn falsch gemacht?" Und siehe da, Tante Gerdis Geschichten stimmen. Da vorn steht sie und ist gerade kräftig am Bezahlen.

Papa bezahlt eindeutig weniger. Dafür bekommt er zwei Stempel in seinen Führerschein. Die bekommt Tante Gerdi nicht.

Ich bringe Tante Gerdi das Einkaufsnetz. Ein anderer Volkspolizist beobachtet mich dabei ganz genau. Ich ärgere mich, aber nicht, weil Tante Gerdi mir jetzt direkt auf die Lippen schmatzt, sondern weil nun der Volkspolizist meinen Personalausweis sehen will und in aller Ruhe die Eintragungen abschreibt. Vor einem Jahr war ich noch ganz stolz, als ich das erste Mal meinen Personalausweis zeigen musste, bei einer Volkspolizeikontrolle in Neubrandenburg, wo der BFC Dynamo zu einem FDGB-Pokalspiel zu Gast war.

Der BFC ist die Fußballmannschaft, die hier bei uns immer gewinnt.

Ich habe heute wohl nichts mehr zu gewinnen. Papa sitzt eindeutig sauer im Auto und weiß ja noch nicht einmal etwas von meinem schlechten Zeugnis. Hauptmann Loregang wünscht uns eine gute Weiterfahrt, aber wir fahren nicht weiter. Papa fährt uns nach Hause.

Zu Hause riecht es nach einem anderen Parfüm. Nun ist es das von Juliane. Ich finde es schön, wenn sie so gut riecht. Heute habe ich den Moment verpasst, an dem Juliane nach Hause kommt. Dann stinkt sie immer nach Kuhstall, es sei denn sie hat Berufsschule.

Wenn Juliane so stark nach Parfüm riecht, geht sie immer in den Jugendclub zur Disco.

Einmal war ich auch im Jugendclub. Der sieht von außen fast so aus wie unser Wohnblock, allerdings mit nur einer Etage. Über der Eingangstür steht „Zentralclub 1972". 1972 haben die den gebaut und Faulenrost war ganz stolz, den einzigen Jugendclub in der ganzen Gegend zu bekommen. Oma Martha hat sich immer aufgeregt, weil alle Mopeds von allen Dörfern deshalb hierher gefahren sind.

Jedenfalls war ich an jenem einen Abend nicht besonders lange im Jugendclub. Punkt 22 Uhr kam die Volkspolizei. Die Musik wurde abgestellt, das grelle Neonlicht flackerte erst und dann ging es an. Alle mussten ihre Personalausweise zeigen. Nachdem ich meinen gezeigt hatte, musste ich nach Hause gehen. Ich durfte nicht einmal meine angefangene Club-Cola austrinken.

Juliane sieht heute wieder toll aus. Jetzt kommt Papas Spruch: „Bleib nicht so lange, mach leise, wenn du nach Hause kommst, und trink nicht so viel Alkohol." Dabei macht sich Papa sein erstes Bier auf. Damit rennt er ins Wohnzimmer und stellt den Fernseher an.

Er sieht immer die „Tagesschau", weil er über alles informiert sein will. Meine Lehrerin, Frau Bindesleben, sagt zwar immer, dass man sich nur bei der „Aktuellen Kamera", unserer DDR-Nachrichtensendung, informieren kann, aber die sieht Papa nie.

Es klingelt an der Wohnungstür. Sofort schaltet Papa auf „DDR 1" um, den Fernsehsender, der die „Aktuelle Kamera" bringt. Nur ist die schon vorbei.

An der Wohnungstür steht so ein Typ mit Schnauzbart und Vokuhila, eine Frisur, die ich mir nicht schneiden lassen darf. Vokuhila haben hier fast alle Jugendlichen in den Dörfern, und eigentlich heißt das „vorne kurz, hinten lang". Juliane rennt zu ihm und fällt ihm um den Hals. Vokuhila holt sie also zur Disco ab.

Kaum sind die beiden aus der Tür, schaltet Papa auf die „Tagesschau" zurück.

Aufgeregt unterhalten sich Papa und Mama bei der „Tagesschau", weil viele Menschen aus unserem Land nach Ungarn gefahren sind und dort darauf warten, dass sie Tante Gerdi besuchen dürfen. Na ja, besser gesagt ihr Land und da wollen sie für immer bleiben – in der BRD.

Papa macht sich nervös sein zweites Bier auf. Juliane sagt auch immer, dass sie lieber in der BRD leben möchte. Mama sagt dann immer: „Sei froh, hier hast du deine Lehrstelle. Im Westen wärst du arbeitslos."

„Weil es im Westen keine Kühe gibt", sage ich dann immer und Mama wird böse.

So geht der Tag zu Ende. Papa schläft vorm Fernseher. Mama steht in der Küche und schmiert ihm die Stullen für morgen und ich kann ohne Anschiss wegen des schlechten Zeugnisses ins Bett gehen.

Gute Nacht!

Mama und ihr BRD-Reisevisum, August 1989

Heute ist ein ganz besonderer Tag. Eigentlich wollten wir heute in unseren FDGB-Urlaub nach Boltenhagen fahren. FDGB bedeutet „Freier Deutscher Gewerkschaftsbund“ und da sind Mama und Papa Mitglied, wie fast alle DDR-Bürger. Alles ist anders gekommen und nun fahren wir nicht. Ich bin froh darüber, denn nun kann ich doch mit meinen Freunden beim Angelturnier am Tollensesee mitmachen. Juliane freut sich auch, weil sie sich nun von ihrem Vokuhila nicht trennen muss.

Papa ist auch nicht sauer, weil unser FDGB-Urlaub ausfällt. Er sitzt sowieso am liebsten zu Hause in der Küche und trinkt das schlechte Konsumbier.

Mama ist am glücklichsten und sie ist auch der Grund, warum unser Urlaub ins Wasser fällt.

Mama hat doch tatsächlich ein Reisevisum bekommen! Sie darf zu Tante Gerdi nach Nürnberg fahren.

Das ist vorher noch nie passiert und Papa meint, dass sich die Zeiten nun ändern, da Gorbatschow an der Macht ist.

Eigentlich ist bei uns Erich Honecker der Mächtigste, aber Gorbatschow ist noch mächtiger als Honecker.

Mama wiederum sagt, dass sie das Visum nach Nürnberg nur bekommen hat, weil sie mich und Juliane als Pfand in der DDR zurücklässt.

Papa hat unseren Trabant blitzeblank geputzt und alle aus dem Dorf tummeln sich um unser Auto. Nur weil Mama bald darin einsteigen wird. Alle wollen Ansichtskarten aus Nürnberg haben und Mama soll unbedingt erzählen, wie es dort ist. Dabei ist Mama doch noch gar nicht da gewesen.

Juliane und ich, wir drängeln uns durch die Massen von Faulenroster Dorfbewohnern zum Trabant. Unter Beifall steigen wir ein und setzen uns auf die Rückbank. Meine Schwester hat sich wieder ganz toll zurecht gemacht und alles nur weil wir nach Berlin fahren, um Mama zum Grenzübergang zu bringen. Wahnsinn.

Als Mama sich auf den Beifahrersitz setzt, tobt der Applaus. Papa schwingt sich hinter das Lenkrad und startet den Trabant. Papa sieht heute auch besser aus als sonst und hat nicht seine blauen Arbeitsklamotten an.

Papa lässt den Motor an und wir fahren durch das Spalier der Faulenroster Richtung Hauptstadt. Ein großer Augenblick für mich, Juliane, Papa und vor allem für Mama.

Kaum sind wir in Berlin angekommen bremst Papa scharf und der Trabant kommt zum Stehen. Papa hat eine HO-Kaufhalle[3] entdeckt. Im Rückspiegel sehe ich Mamas strahlendes Gesicht. Die ganze Fahrt über hat sie ein eher böses Gesicht gemacht.

Ich denke sie hat Angst vor der Reise ins Unbekannte.

Jetzt stürmen wir die erste Berliner Kaufhalle. Juliane rennt zur Kosmetik, Papa zu den Getränkekästen und Mama zum Obst und Gemüse. Doch Papa ruft sie energisch zurück: „Da kannst du doch aus Nürnberg besseres mitbringen!“ Sofort halten sämtliche Fahrer mit ihren Einkaufswagen an und schauen verwundert zu Mama.

Die wird ganz rot und sagt zu Papa: „Komm, lass uns mal sehen, ob wir hier die Glühbirnen für unseren Kronenleuchter bekommen.“

Aber die Verkäuferin sagt: „Hamm wa nich, da müssen se zu Leuchten fürs Heim in der Karl-Marx-Allee gehen.“

Für Juliane ist es heute wie Weihnachten, weil sie einen Arctic-Deoroller erstehen wird und Haarspray noch dazu.

[3] HO – Abkürzung für Handelsorganisation, ein in der juristischen Form des Volkseigentums geführtes, staatliches Einzelhandelsunternehmen in der DDR

Papa ist damit beschäftigt, die Getränkekästen umzustapeln, und aus jedem die braunen Bierflaschen in den Einkaufswagen zu stellen. Die Grünen will er nicht.

Mama schickt mich zur langen Schlange an der Kasse. Ich soll mich schon mal anstellen. Da kommt auch schon unser Einkaufswagen. Voll mit braunen Flaschen „Berliner Pilsner", kurz „Berliner", einem Deoroller, einer Dose Haarspray und Eberswalder Würstchen, die hat sich Mama gekauft, für die lange Reise.

Obwohl sich Papa in Berlin mehrmals verfährt, kommen wir schließlich am Grenzübergang Friedrichstraße an.

Papa schließt den Trabant ab und wir laufen los. Papa läuft wieder zurück und prüft, ob der Trabant auch wirklich abgeschlossen ist. Das macht er immer so und immer ist unser Auto auch wirklich abgeschlossen.

Am Grenzübergang verabschieden wir uns von Mama. Sie weint und Papa sagt: „Du kommst doch auch wieder zurück?"

Juliane weint auch, aber nicht weil Mama fort fährt, sondern weil sie nicht mit darf. Unter Tränen sagt Juliane: „Grüß Tante Gerdi von mir." Mama verschwindet.

Ich möchte unbedingt noch die Mauer sehen, die uns von Tante Gerdis Welt trennt. Papa will mir den Gefallen tun, doch unser Trabant nicht. Auf der Fahrt zur Mauer zuckelt er mal langsam, mal noch langsamer. Juliane, die nun vorn sitzen darf, ist nur noch damit beschäftigt, ihre Frisur zu halten. Papa sagt: „Der fährt nur auf einem Topf." Papa hält an und öffnet die Motorhaube.

Ich laufe zur Berliner Mauer. Die Mauer ist so hoch, dass ich nicht rüberschauen kann. Mama ist inzwischen schon hinter der Mauer und kann unser Elend zum Glück nicht sehen. Papa schraubt wieder einmal am Auto, Juliane raucht heimlich in einem Hauseingang und ich esse die Würstchen, die Mama in der Aufregung vergessen hat.

Am Abend bin ich froh, wieder in Faulenrost zu sein.

Papa sitzt in der Küche und genießt sein „Berliner“, Juliane ist in der Telefonzelle, telefoniert mit Vokuhila, und ich freue mich auf die Udo-Lindenberg-Schallplatte, die mir Mama aus dem Westen mitbringen soll.

Zum Einschlafen werde ich Udo von der Kassette hören, auch wenn man kaum noch etwas versteht. Na ja, von Axel überspielt, der hat sie von Olaf überspielt, der, glaube ich, von Bernhard und der hat sie von Cornelia überspielt. Die hat das Original von einer Oma, hinter der Mauer.

Gute Nacht!

Cornelia und das FDJ-Hemd, September 1989

Vorbei sind die Sommerferien. Unser geplantes Angelturnier ist buchstäblich ins Wasser gefallen, weil es an dem Wochenende nur geregnet hat. Juliane war furchtbar unglücklich, weil Vokuhila sie verlassen wollte, und Mama ist aus dem Westen zurückgekehrt. Sie sagt, dass sie sich hier in Faulenrost so wohl fühlt und der Westen sie überfordert hätte. Sie war richtig froh, wieder hier zu sein.

Ich sitze im Bus und fahre zum ersten Schultag nach Neubrandenburg.

Ich habe wieder mein FDJ-Hemd an. Juliane hat ihr FDJ-Hemd letzte Woche in die Mülltonne geworfen und gemeint, dass das doch sowieso alles Quatsch sei. Jedenfalls scheint Herr Hüttenheber, der in dem schönen Einfamilienhaus am Dorfende wohnt, in unseren Mülltonnen herumzuwühlen. Als ob der es nötig hätte. Der fährt doch einen Viertakter, einen Lada, und es steht eine 200 auf seinem Tacho.

Herr Hüttenheber stand noch am gleichen Abend vor unserer Wohnungstür und hat Papa gefragt: „Gehört Ihnen dieses Hemd?"

Papa hat gelacht und gemeint, dass er aus diesem Alter raus sei. Eigenartigerweise ließ Papa Herrn Hüttenheber in unser Wohnzimmer. Eigentlich sagt Papa immer, dass wir bei Herrn Hüttenheber ganz vorsichtig sein sollen. Mama ist immer sehr freundlich zu ihm. Sie hat seinen Mantel und seinen Hut an meinen Garderobenplatz gehängt und dafür meine Jacke einfach in mein Zimmer geworfen.

Ich habe Herrn Hüttenheber auch schon mal in einer Uniform gesehen.

An jenem Abend dauerte es gar nicht lange und Papa rief Juliane energisch ins Wohnzimmer. Ich habe an der Tür gelauscht. Herr Hüttenheber erzählte etwas von „Unterstützung der Konterrevolution in unserem eigens erbauten Arbeiter- und Bauernstaat". Sofort beendete ich meinen Lauschangriff.

Es reicht schon, dass ich mir in der Schule diesen Müll reinziehen muss.

Jedenfalls kam am Ende Juliane heulend aus dem Wohnzimmer. Mama sagte: „Dass mir das nicht noch einmal vorkommt." Papa sagte: „Genau."

Als Herr Hüttenheber unsere Wohnung verlassen hatte, schimpfte Juliane: „Elendes Stasischwein!" Stasi steht für Staatssicherheit. Schwein hatte Juliane, dass Herr Hüttenheber das nicht mehr gehört hatte.

Mama hat Juliane für diese Bemerkung eine geknallt und Papa hat sich das letzte „Berliner" aufgemacht.

Der Bus zuckelt über die Dörfer. Ich schaue aus dem Fenster.

Gleich sind wir in Rittermannshagen. Hier steigt immer mein Banknachbar Bernhard ein.

Heute steigt er nicht ein. Vielleicht ist er krank oder er hat den Bus verpasst. Schulschwänzen gibt es in der DDR nicht.

Wir sind in Neubrandenburg. Da steht sie: die Ernst-Thälmann-Oberschule. Sie sieht aus wie unser dreistöckiger Wohnblock oder der einstöckige Zentralclub 1972, nur eben mit zwei Stockwerken.

Mein Klassenraum befindet sich im oberen Stockwerk.

Ich sitze auf meinem Platz. In den letzten Tagen muss Herr Hüttenheber alle Hände voll zu tun gehabt haben. Bis auf Ramona, Sibylle und mich hat keiner mehr ein FDJ-Hemd an. Mir ist das peinlich und Olaf zeigt schon mit dem Finger auf mich. Ich sage laut: „Ist mir warm!" und ziehe das Hemd aus.

Zum Glück habe ich noch ein T-Shirt drunter, das, welches mir Mama aus Nürnberg mitgebracht hat. Jetzt zeigt Cornelia mit dem Finger auf mich: „Wo hast du denn das her?“

Es klingelt und unsere Klassenlehrerin ist immer noch nicht da. Bernhard auch nicht.

Es vergeht eine Viertelstunde, in der wir uns selbst überlassen sind. Dann geht die Tür auf und unser Direktor Herr Kleinschmidt betritt den Klassenraum. Plötzlich ist alles mucksmäuschenstill, nur ich sage: „Ist mir kalt!“, und ziehe schnell das FDJ-Hemd wieder an.

Herr Kleinschmidt erklärt unserer Klasse, dass Frau Bindesleben an dieser Schule nicht mehr unterrichtet. Frau Bindesleben ist oder war unsere Klassenlehrerin. Alle sind gespannt, wer nun unsere neue Klassenlehrerin wird. Herr Kleinschmidt sagt, dass sich das noch klären wird und erlaubt uns, nach dem Appell nach Hause zu fahren.

Der Appell ist wie immer. Ordentlich steht jede Klasse auf dem Schulhof und Fanfaren ertönen vom alten Schulplattenspieler. Halt, ganz so wie immer ist es nicht. Olaf trägt heute den Wimpel nach vorne. Das hat sonst immer Petra aus der C-Klasse erledigt.

Ich bin nicht darauf eingestellt so früh nach Hause zu fahren und schaue auf den Busfahrplan an der Haltestelle. Da kommt Cornelia. Sie muss den Bus nach Altentreptow nehmen. Cornelia sieht auf den Fahrplan und flucht: „Scheiß Osten.“

Sie holt eine Schachtel „Cabinet“ aus ihrer Schultasche und bietet mir eine Zigarette an. „Ich rauche doch gar nicht … mehr“, sage ich und das „mehr“ ist gelogen. Cornelia fragt mich, wofür ich denn dann mein Taschengeld ausgeben würde, und ich sage: „Um dich zum Eis einzuladen.“ Oh, was hat mich denn da geritten? Wie konnte ich mich das denn trauen? Was sie wohl antworten wird? Cornelia zieht an ihrer Zigarette und lässt mich schmoren. Ich schaue noch einmal ganz interessiert auf den Fahrplan und sage mit verstellt freudiger Stimme: „Mein Bus kommt sowieso gleich."

Cornelia scheint den Fahrplan zu kennen und lächelt: „Du wohnst doch in Faulenrost, da kommt mein Bus vorher ... in einer Dreiviertelstunde."

Ich möchte auf der Stelle im Boden versinken, aber dann höre ich sie sagen: „Im Stadtzentrum gibt es doch die Milchbar Pinguin."

Ich bin gerettet, wir gehen zusammen Richtung Stadtzentrum. Aus lauter Verlegenheit lese ich Cornelia die weißen Sätze auf rotem Hintergrund vor, die überall in der Stadt herumhängen: „Vierzigster Jahrestag der DDR – vierzig Jahre Frieden; mein Arbeitsplatz – Kampfplatz für den Frieden."

Wir sind an der Milchbar „Pinguin" angekommen.

Sie ist zu. An der Tür hängt ein Schild: „Wegen Inventur geschlossen."

Cornelia schlägt vor, das Eis in der gegenüberliegenden HO-Gaststätte „Freundschaft" zu essen. Ich lese das Schild „Freundschaft" und mir wird erneut ganz schwindlig. „Freundschaft" heißt unser FDJ-Gruß und ich habe immer noch das Hemd an.

Wir gehen über den großen Platz. Ich sage wieder: „Ist mir warm" und knöpfe das Hemd auf. Ein frisches Lüftchen weht über den Platz. Cornelia meint: „Ich finde es eher kühl." Trotzdem stopfe ich das Hemd in meine Schultasche.

Die HO-Gaststätte ist bis auf den letzten Platz gefüllt. Wir warten in der Eingangstür. Eine unfreundliche Kellnerin erscheint: „Habt ihr vorbestellt?"

Wir haben zwanzig Minuten gewartet. Die inzwischen noch unfreundlichere Kellnerin erscheint zum zweiten Mal: „Wir haben jetzt zwei Plätze frei. Da kann sich einer an den langen Tisch hin setzen und da hinten am Vierertisch ist noch ein Platz frei geworden.“ Ich frage Cornelia, an welchem Tisch sie lieber sitzen möchte und wo ich mich hinsetzen soll. Doch Cornelia zieht mich nach draußen.

Inzwischen regnet es ein wenig und wir laufen zur Bushaltestelle zurück. Ich lese keine Losungen mehr vor, weiß aber immer noch nicht, was ich sagen soll. Zum Glück fängt Cornelia an zu reden: „Sag mal, Paul, könntest du mir dein FDJ-Hemd leihen? Mir ist schon ganz kalt vom Regen.“ Ich ziehe das Hemd aus meiner Schultasche. Cornelia zieht es an. Vorher sah sie besser aus, aber wenigstens haben wir uns unterhalten.

Wir stehen wieder an der Bushaltestelle. Aus der Ferne ist schon der Ikarus-Bus nach Altentreptow zu hören. Was sag ich denn jetzt bloß noch? Der Bus ist schon zu sehen. Wir schweigen.

Der Bus hält an und Cornelia steigt ein. Ich rufe: „Wir sehen uns morgen in der Schule!“ Cornelia lächelt: „Bestimmt.“

Der Bus fährt ab und ich bin verliebt.

Ich steige in Faulenrost aus dem Bus. Er ist sehr dreckig und auf dem staubigen Nummernschild unterstreiche ich das „C“. „C“ steht für Bezirk Neubrandenburg, aber für mich bedeutet „C“: Cornelia.

Jetzt hätte mich beinahe ein Lada überfahren. Herr Hüttenheber bremst scharf. Während ich ihm erkläre, dass ich doch nur das Nummernschild vom Bus sauber machen wollte, schaut er ganz böse auf meine Kleidung, insbesondere auf das West-T-Shirt.

Ich renne in unseren Wohnblock. Im Treppenhaus höre ich, wie auf dem Hof die Mülltonnendeckel geöffnet und wieder zugeknallt werden.

Ich schaue aus dem Treppenhausfenster.

Es ist Herr Hüttenheber, der mein FDJ-Hemd sucht.

Den Rest des Tages verbringe ich in meinem Zimmer. Ich höre immer wieder „Hinterm Horizont geht's weiter“ von Udo Lindenberg. Von der Schallplatte, die mir Mama aus dem Westen mitgebracht hat.

Zum Abendbrot schauen wir wieder die „Tagesschau“. Während der „Tagesschau“ streiten sich Mama und Papa in letzter Zeit regelmäßig. Mama findet das alles übertrieben. Jetzt wollen unsere Leute nicht mehr über Ungarn abhauen, sondern warten in der Prager Botschaft auf ihre Ausreise in den Westen.

Im Fernsehen werden Bilder aus der Botschaft gezeigt. Ich traue meinen Augen nicht, denn ich sehe Frau Bindesleben mit ihren drei Kindern. Unter den vielen Menschen erkenne ich Bernhard. Unter der schwarz-rot-goldenen Fahne steht Petra, die sonst unseren Wimpel zum Appell getragen hat.

Na gute Nacht!

Tante Heidi und der 40. Jahrestag, Oktober 1989

Heute haben wir einen ganz bedeutenden Abend. Zwar wird unsere DDR erst morgen vierzig Jahre alt, aber alle Menschen feiern schon heute Abend.

Mama feiert in der LPG. Papa und Juliane hätten dort natürlich auch feiern können. Papa feiert lieber im „Faulenroster Hof". Das ist die Dorfkneipe neben dem Konsum. Auch wenn Juliane der Meinung ist, dass es nichts zu feiern gibt, feiert sie im Zentralclub 1972.

Ich werde heute meinen zweiten Anlauf nehmen, im Zentralclub 1972 mitzufeiern. Dazu hole ich Nolle ab.

Nolle ist mein bester Freund und heißt Nolle, weil er mit Nachnamen Nollenburg heißt. Er hätte auch in der LPG feiern können, weil er schon Lehrling ist und in der gleichen LPG von Juliane, Mama und Papa lernt. Es müsste schon ein Wunder geschehen, damit ich später woanders lande.

Wie immer dauert es eine ganze Weile, bis Nolle und ich losziehen können.

Vorher sitzen wir in seinem Zimmer. Das Zimmer ist mit Postern zugeklebt und er spielt mir die neuesten Lieder von Udo Lindenberg vor. Ich verschweige Nolle, dass ich die Lieder schon alle kenne, weil ich von Mama die Schallplatte habe. Sonst würde er sie mir, für den üblichen Preis von 120 Mark, abkaufen wollen und ich kann bei ihm so schlecht „Nein" sagen. Ich brauche heute Abend nicht einmal Geld, weil Mama mir und Juliane jedem zehn Mark gegeben hat, mit der Bemerkung: „Nun feiert mal kräftig."

Nolle zwängt sich in die engen Jeans, die er von seiner Oma aus Westberlin bekommen hat und dreht die Udo Lindenberg-

Kassette noch einmal um. Eigentlich kann ich sie schon gar nicht mehr hören. Vielleicht hätte mir Mama doch lieber solche Hosen mitbringen sollen? Dabei bin ich stolz auf meine beste Hose, die ich heute anhabe. Es ist eine „Wisent“ – eine Jeans aus unserem Land und immerhin passt sie mir wie angegossen, was man von Nolles Hose nicht unbedingt sagen kann. Er zwängt sich immer noch Zentimeter für Zentimeter hinein.

Während Nolle mit offenem Hosenstall durch sein Zimmer läuft und von der Kassette einen großen „Ohrwurm“ noch einmal zurückspult, erzählt er wieder einmal von den Mädchen aus der LPG. Jetzt fällt mir wieder Cornelia ein.

Ich unterbreche Nolle und frage ihn, ob es in Altentreptow auch einen Jugendclub gibt. Nolle schreit kurz auf. Er hat sich mit dem Reißverschluss seinen LPG-Bauchansatz eingeklemmt. Dann lächelt er: „Die aus der Ecke kommen doch heute auch alle hierher.“ Ich greife mir Nolles Haargel, knalle es mir in die Haare und kämme sie vor seinem Spiegel durch.

Es kann also passieren. Vielleicht ist Cornelia schon auf der Fahrt nach Faulenrost.

Nolle sagt, dass ich das Fenster aufmachen soll. Er raucht noch eine Zigarette. Ich werde ungeduldig. Ich habe Glück. Nolles Mutter, Frau Nollenburg, klopft an seine Zimmertür und Nolle wirft die Zigarette aus dem Fenster. Frau Nollenburg verabschiedet sich hinter der verschlossenen Tür und geht auch zur LPG-Feier.

Endlich gehen Nolle und ich los.

Wir fahren mit seiner Simson[4] Richtung Zentralclub 1972.

Ich bin ganz aufgeregt. Es ist dunkel. Ich halte mich an Nolles Rücken fest. Da hält uns die Volkspolizei an: „Gudden Obend, Deutsche Volkspolizei, Hauptmann Loregang. Zeigen Sie mal bidde Ihre Papiere.“

[4] Name eines in der DDR hergestellten Mopeds

Alles in bester Ordnung bei Nolle, aber wir dürfen trotzdem nicht weiterfahren. Nolle muss dem Volkspolizisten noch sein Moped erklären. Die Blinker einschalten, das Bremslicht vorführen und noch so ein paar Kleinigkeiten.

Hauptmann Loregang interessiert sich so lange für Nolles Moped, bis das nächste angefahren kommt. Es ist Vokuhila. Auch er muss sein Moped vorführen.

Wir fahren weiter.

Am Zentralclub 1972 bekomme ich einen großen Schreck, so groß wie die Schlange vor der Eingangstür. Alle wollen heute in den 40. Geburtstag der Republik hineinfeiern. Aus dem Zentralclub 1972 ertönt schon laut die Musik. Die Puhdys mit „Türen öffnen sich zur Stadt“. Da knallen die Ordner die Tür zu. Na ja, nichts mit Stadt. Wir sind hier auf dem Dorf.

Ich habe Glück. Juliane steht ganz vorn und ruft mich zu sich. Der Ordner lässt nur noch Pärchen rein. Juliane erklärt mir, dass Vokuhila nicht gekommen ist und dass sie deshalb mich mit reinnehmen wird. Ich bin wieder einmal stolz auf meine Schwester. Dennoch verheimliche ich ihr, dass Vokuhila noch in einer Volkspolizeikontrolle steckt.

Nolle schaut ganz böse zu mir herüber. Juliane zieht mich in den Zentralclub 1972. Von Mamas Geld bezahlen wir den Eintritt plus fünf Pfennige Kulturbeitrag.

Im Zentralclub 1972 ist es furchtbar verqualmt und laut.

Juliane ist sofort weg. Sie lässt sich von irgendwelchen Heinis aus dem Dorf Drinks spendieren. Nun stehe ich hier völlig allein herum. Keine Spur von Geburtstagsfeier. Neben mir streiten sich Typen wegen der Fußballergebnisse. Einer schreit mich an: „BFC oder Union?!“ Ich sage: „Hansa Rostock.“ Ich habe zwar keine Ahnung, aber für die Mannschaft ist Papa. Der Typ geht weiter.

Natürlich suche ich Cornelia.

Unsere Dorfschönheiten haben sich wieder rausgeputzt. Ich kaufe mir eine Cola. Dabei klopft mir jemand auf die Schulter. Ich drehe mich um und es ist Nolle.

„Wie bist du denn hier reingekommen?“, frage ich und Nolle lächelt: „Da hat mich so eine Schnecke aus Altentreptow mit reingenommen.“

Nolle kauft sich ein Bier und eine Cola für die Schnecke aus Altentreptow. Ich schaue ihm nach und die Cola bekommt Cornelia. Aus den Lautsprecherboxen tönt City mit „Am Fenster“. Juliane zieht mich von der Bar weg und sagt, mit einer schon etwas betüddelten Stimme: „Brüderchen, lass uns tanzen.“ Ich tanze mit Juliane im Rhythmus der Musik. Sie schaut mich gar nicht an, sondern nur zu diesen blöden Jeansjacke tragenden Fußballfans. Eigentlich schaue ich sie auch nicht an, sondern nur zu Cornelia, die auf den Stühlen neben der Tanzfläche am Fenster sitzt. Die Stühle sehen genauso aus wie die in unserer Schule.

Nach dem Song leert sich die Tanzfläche. Es wird angekündigt, dass wir jetzt zur langsamen Runde kommen. Bruce Springsteen wird aufgelegt. Jetzt ist solche Musik hier erlaubt. 60 Prozent Ostmusik und 40 Prozent Westmusik – so ist die Regel. Jetzt habe ich noch 40 Prozent Zeit, um Cornelia aufzufordern.

Ich gehe erst einmal zur Toilette. Dort kotzt ein Union-Fan das Pinkelbecken voll. Das andere ist zugeklebt und darüber steht: „Defekt.“

Ich mache vorsichtig die Kabinentür auf. Auf der Toilette schläft ein Hansa Rostock-Fan.

Ich gehe wieder raus und Billy Idol tönt aus den RFT-Lautsprecherboxen. Cornelia sitzt immer noch auf dem Schulstuhl am Fenster. Jetzt habe ich nur noch 30 Prozent Zeit. Ich gehe zur Bar. Das Geld von Mama reicht noch für zwei Cola.

Mit diesen gehe ich siegesgewiss zu Cornelia. Meter für Meter kämpfe ich mich durch den vollen Raum durch, vorbei an Nolle, vorbei an Vokuhila. Juliane stoppt meinen Siegeszug. Sie hält mich fest und lallt: „Brüderschen, wier müschen nach Hausse. Morgen hamm wa noch eine grose Reise vor unns, vor uns."

Juliane reißt mich aus dem Zentralclub 1972 und wieder habe ich es nicht geschafft die Club-Cola auszutrinken. Doch am meisten ärgert mich nicht, dass ich die Club-Cola im Club zurücklassen musste, sondern auch noch 25 Prozent Zeit.

Jahrestag – die Fete geht weiter.

Am Morgen des Republikgeburtstages werde ich verdammt früh von Mama geweckt. Wir wollen Tante Heidi in Leipzig besuchen und Zwischenstation in Berlin machen. Zur Zwischenstation meint Papa nur, dass sich das ja förmlich anbietet.

Mama will unbedingt einmal die Ehrenparade in Berlin sehen und Juliane findet das zum Kotzen. Deshalb komme ich auch nicht in unser Badezimmer. Hinter der verschlossenen Tür höre ich, wie Juliane über dem Klobecken rückwärts isst.

Ich muss so dringend, dass ich aus unserem Neubaublock renne und an die Mülltonnen auf dem Hof mache. Hoffentlich kommt jetzt nicht gerade Herr Hüttenheber. Aus dem Hintergrund vernehme ich Papas verärgerte Stimme: „Paul, muss das denn sein?" Papa schraubt wieder einmal am Trabant. Völlig verzweifelt wirft Papa die Motorhaube zu: „Nichts zu machen."

Wir fahren mit dem Bus nach Neubrandenburg. Meine Schwester sieht heute gar nicht so toll aus wie sonst. Sie ist leichenblass. Dafür hat sich Mama bis zum geht nicht mehr rausgeputzt. Sie regt sich über die zweitaktgemischbeschmierten Hände von Papa auf.

In Neubrandenburg stehen wir auf dem Bahnhof und warten auf die Deutsche Reichsbahn nach Berlin. Aus den Lautsprecherboxen vernehmen wir, dass der Zug nach Berlin voraussichtlich 40 Minuten Verspätung hat. „Passend zum Jahrestag“, sagt Juliane und Mama wird ganz böse. Nicht nur wegen Julianes erster Bemerkung an diesem Tag, sondern auch, weil Mama die Ehrenparade in Berlin nicht verpassen will.

Juliane hat fürchterlichen Durst und ich bin hungrig. Mama ist großzügig. Sie rückt 1,50 Mark raus.

Juliane und ich gehen zum Kiosk auf dem anderen Bahnsteig. Wir gehen durch die gekachelte Unterführung und dort riecht es genauso, wie gestern in der Zentralclub-1972-Toilette.

Am Kiosk sind Schnapsflaschen von allen Sorten palettenweise ausgestellt, doch Juliane entscheidet sich für eine Bitter Lemon. Ich habe keine Auswahl und kaufe eine Bockwurst mit Brot für 85 Pfennige, was bedeutet, dass sich Juliane nur eine Brause nehmen kann. Diese trinkt sie in einem Zug aus.

Papa kommt auch zum Kiosk und kauft sich Bier für die Zugfahrt. Jetzt ist er nicht mehr ganz so stinkig, weil das Auto zu Hause bleiben musste.

Inzwischen ist auch Mama angekommen. Sie kauft sich eine Schlager Süßtafel. Schokolade kauft sie immer, wenn sie aufgeregt ist, und Mama ist aufgrund der bevorstehenden Ereignisse heute besonders aufgeregt.

Die Zugfahrt nach Berlin vergeht schnell. Wir haben sogar ein Abteil ganz für uns allein. Papa macht sich am Fensterbrett sein zweites Bier auf. Juliane schläft. Mama pellt sich ein hartgekochtes Ei ab und isst dazu ein Jagdwurst-Brötchen. Ich schaue dem Treiben auf dem Gang zu. FDJler tauschen auf Tüchern Unterschriften aus und junge Soldaten der NVA, unserer Nationalen Volksarmee, stehen am geöffneten Fenster. Alle fahren nach Berlin.

In Berlin findet die größte Geburtstagsfeier aller Zeiten statt. Unsere DDR ist 40 geworden! Tausende von Menschen feiern und wir stehen mittendrin auf der Karl-Marx-Allee. Genau dort, wo wir vor zwei Monaten schon einmal hingemusst hätten, um die Glühbirnen für den Kronenleuchter zu kaufen – vor „Leuchten fürs Heim". Aber das ist Mama jetzt egal. Sie freut sich, bei der Ehrenparade dabei zu sein.

Schräg gegenüber ist die Ehrentribüne. Dort stehen sie alle. Ich kann mir die großen Genossen gar nicht in Ruhe ansehen, denn dauernd zottelt jemand an mir herum.

Mama zeigt mir unseren Erich Honecker, meine Schwester ist völlig begeistert, Gorbatschow zu sehen und Papa sagt: „Sieh mal, Paul, in der dritten Reihe steht unser Landwirtschaftsminister." Ich will auch mal etwas sagen, doch keiner will mir zuhören. Ich sehe Herrn Hüttenheber auf der Tribüne nebenan sitzen.

Mama bildet sich gerade ein, dass Erich Honecker ihr zugewinkt habe. Mama winkt zurück. Als hätte sie das Signal gegeben, winken jetzt alle hier bei uns.

Papa starrt auf die Cabrios, die an der Tribüne vorbeifahren. Aus einem der großen offenen schwarzen Autos brüllt der Armeegeneral: „Ich begrüße und beglückwünsche Sie zum 40. Jahrestag der Deutschen Demokratischen Republik!" Marschmusik ertönt und viele Soldaten marschieren an der Tribüne vorbei.

Jetzt finde ich es richtig spannend! Panzer und LKW mit riesigen Raketen fahren an uns und der Ehrentribüne vorbei. Dumpf brummen die Motoren. Jetzt kommen die Kanonen. Die DDR wird jeden Krieg gewinnen!

Papa verdirbt uns den Spaß. Er meint, dass wir zum Bahnhof müssen, um den Zug nach Leipzig zu schaffen. Mama steht nach wie vor mit offenem Mund da und staunt. Papa wird ungeduldig: „Wollen wir nun noch Tante Heidi in Leipzig besuchen oder nicht?“

Mama winkt dem Genossen Honecker noch einmal kräftig zu und er winkt ihr zurück. Behauptet sie jedenfalls.

Jetzt fahren wir mit einem wesentlich besseren Zug der Deutschen Reichsbahn nach Leipzig, nachdem wir den geplanten Zug verpasst haben und den Nachmittag auf dem Bahnhof in Berlin Schöneweide verbracht haben. Ich kann den Leipziger Hauptbahnhof schon sehen.

Mit einem lauten Quietschen fährt der Zug in den Leipziger Hauptbahnhof ein. Mama meint, dass Tante Heidi uns mit ihrem Wartburg abholen wird. Papa öffnet die Tür und der Zug kommt zum Stehen. Wir steigen aus. Tante Heidi ist auf dem Bahnsteig nicht zu sehen. Niemand ist auf dem Bahnsteig zu sehen. Nur eine Kette von Volkspolizisten, die ihn versperren.

Wir bleiben vor der Volkspolizeikette stehen. Kein Durchkommen. Jetzt dürfen wir nicht nur Tante Gerdi in Nürnberg nicht besuchen, sondern auch nicht mehr Tante Heidi in Leipzig.

Einen Volkspolizisten erkennen wir sofort wieder. Papa stellt sich vor diesen und spricht ihn an: „Hauptmann Loregang, was machen Sie denn hier?“ Mama steht, mit einem DDR-Papierfähnchen aus Berlin, erwartungsvoll neben Papa. Hauptmann Loregang lässt seinen Kollegen los und sagt zu Papa: „Man hat mich heudde nach Leipsch abkommandiert. Bürger, nun gehen Se schon durch.“

Wir verlassen den Bahnhof. Hier tobt die Leipziger Geburtstagsfete am Abend und es ist genau umgekehrt wie heute Mittag in Berlin. Hier stehen die Uniformierten überall an der Straße und das Volk marschiert an ihnen vorbei. Anstatt Marschmusik ertönen Live-Sprechchöre: „Wir sind das Volk! Wir sind das Volk!“

Anstatt Mama steht jetzt Juliane mit offenem Mund da und winkt den Marschierenden zu.

Anstatt den Glückwünschen zum 40. Jahrestag ertönt aus Lautsprecherboxen: „Hier spricht die Volkspolizei. Bürger verlassen Sie die Straße!“ Anstatt DDR-Fähnchen haben die Leute Kerzen in der Hand und rufen: „Keine Gewalt!“ Papa sagt, dass es ja hier wie in der „Tagesschau“ zugeht, und Mama fängt an zu weinen.

Nun rufen die Massen: „Leute lasst das Glotzen sein! Kommt herunter, reiht euch ein!“ Das lässt sich Juliane nicht zweimal sagen und stürzt sich in den Demonstrationszug. Sie ruft: „Los, Paul!“ Ich bin es ihr schuldig. Gestern hat sie mich in den Zentralclub 1972 mit hineingenommen und heute eben in die Demo.

Ich folge ihr und Mama ruft uns nach: „Kinder, wo wollt ihr denn hin?“

„Wir laufen zu Fuß zu Tante Heidi“, antworte ich.

Mama und Papa kommen uns hinterher. So laufen wir zu viert mit den Massen in Richtung Tante Heidi. Die Leute tragen Transparente mit Aufschriften wie: „Freie Wahlen“ oder „Reisefreiheit“. Mama trägt immer noch ihr DDR-Papierfähnchen und zieht damit mehr Blicke auf sich als die Transparentträger.

Als Mama auch noch den furchtbar böse dreinblickenden Volkspolizisten am Straßenrand zuwinkt, wird es Juliane zu blöd und sie reißt Mama das Fähnchen aus der Hand. Papa sagt, mit seinem Bierfähnchen von der langen Bahnfahrt: „Bleib ganz ruhig, Juliane.“ Doch sie brüllt lautstark mit: „Wir sind das Volk! Wir sind das Volk!“

Wir sind die Einzigen, die in die düstere Seitenstraße zu Tante Heidi abbiegen und Papa ermahnt Juliane: „Jetzt kannst du doch mal aufhören mit dem Rufen.“

Mama geht es jetzt wesentlich besser und in der finsteren Seitenstraße kann sie auch noch die Armeefahrzeuge bewundern, die sie in Berlin verpasst hat.

Kaum sind wir bei Tante Heidi angekommen, stürzt sich Papa vor den Fernseher. Er will sehen, ob er in der „Tagesschau“ dabei ist. Juliane und ich sind wegen der Zentralclub-1972-Feier vom Vorabend total müde.

Mama sitzt mit Tante Heidi in der Küche. Während ich Dagmar ausziehe, höre ich, was Tante Heidi aufgeregt erzählt. Von den Montagen, an denen in Leipzig immer demonstriert wird, und davon, dass es immer mehr Menschen werden. Mama und Tante Heidi können das alles nicht mehr begreifen.

Inzwischen habe ich Dagmar ausgezogen. „Dagmar“ so heißt das moderne Klappsofa in Tante Heidis Wohnzimmer. Meine Schwester und ich legen uns darauf schlafen.

Gute Nacht!

Vokuhila und die Grenzöffnung, November 1989

Ausgerechnet Cornelia und mich hat Herr Kleinschmidt als Verantwortliche für den Subbotnik[5] eingeteilt, am Sonnabend in unserer Schule. Subbotnik ist unser „freiwilliger" Arbeitseinsatz, ungefähr zweimal im Schuljahr.

Heute ist Donnerstag und es ist schon Abend. Wir haben noch zwei Tage Zeit für die Vorbereitungen. Ich habe auch schon einen Plan für den Subbotnik. In unserer Ernst-Thälmann-Oberschule hängen immer noch die vielen Bilder von Erich Honecker herum und den haben sie, eine Woche nachdem wir von Tante Heidi aus Leipzig zurückgekehrt sind, abgesetzt.

Seitdem ist Egon Krenz der Staatsratsvorsitzende und so habe ich mir gedacht, dass wir am Subbotnik die Bilder austauschen. Cornelia findet die Idee gut. Nur weiß sie nicht, wo es Egon-Krenz-Bilder gibt. Ich auch nicht. Nolle weiß immer alles und kann immer alles besorgen.

So laufe ich, an diesem schönen Herbstabend, die Straße durch Faulenrost zu Nolle.

Auf der Straße kommt mir Papa entgegen. Er sitzt auf seinem Traktor. Unser Trabant ist immer noch kaputt und seitdem der LPG-Vorsitzende, genau wie Egon Krenz, von einer „Wende" spricht, traut sich Papa jeden Abend mit dem Traktor nach Hause zu fahren. Irgendwie ist in den letzten Wochen einiges anders geworden.

Ich sitze bei Nolle. Er fühlt sich eindeutig verscheißert. Alles kann er auftreiben, nur Egon-Krenz-Bilder nicht.

Nolle spielt mir so lange seine Lieblingssongs von Udo Lindenberg auf seinem „Stern"-Kassettenrecorder vor, bis ich

[5] Aus dem Russischen von Subbota (Samstag) abgeleitet, kann wohl als „Samstägiger" übersetzt werden.

gehen muss. Es ist schon sehr spät. Nolle drückt auf „Stop“ und da hört man vom Westradiosender schreiende Menschen, hupende Autos und das Deutschlandlied.

Ich will mich verabschieden. Nolle haut mir so fest auf die Schulter, dass sie fast bricht: „Mensch, Paul, die haben die Mauer aufgemacht!“ Das ist mir jetzt egal. Ich muss nach Hause.

Nolle lässt mich wie immer nicht gehen. Er köpft eine Flasche „Rotkäppchen“-Sekt und brüllt: „Auf die Freiheit!“

Draußen blitzt es, doch es ist kein Gewitter, das aufzieht. Herr Hüttenheber fotografiert mich, als ich das Haus verlasse.

Ich laufe die Dorfstraße entlang. Sonst herrscht hier um diese Zeit Totenstille. Heute kommt mir ein Auto nach dem anderen entgegen. Viele hupen immer wieder. Aus einem Wartburg wird die DDR-Fahne gehisst, mit einem großen Loch in der Mitte. Die haben das Emblem einfach herausgeschnitten und rufen: „Deutschland einig Vaterland! Berlin wir kommen!“

An der Bushaltestelle steht Cornelia und wartet auf den letzten Bus nach Altentreptow. Sie erklärt mir, dass sie bei uns zu Hause auf mich gewartet hat, um mit mir den Subbotnik zu besprechen. Mist, hätten wir doch bloß alle ein Telefon.

Ich helfe ihr beim Warten, indem ich mich zu ihr geselle, und habe großes Glück, denn Cornelia fängt sofort an zu reden. Sie fragt mich: „Was ist hier eigentlich los? Wo fahren die denn alle hin?“

„Ich glaube, nach Berlin.“ sage ich. „Nolle meint, die hätten die Mauer aufgemacht.“

„Waaas?!“ Im gleichen Moment fliegt eine leere Sektflasche aus einem Lada und rollt vor unsere Füße.

Der Bus kommt heute nicht mehr, dafür kommen immer mehr Autos aus der anderen Richtung.

Dieser Tag wird in die Geschichte eingehen! Am 9. November 1989 fragt mich Cornelia, ob sie heute Nacht bei mir bleiben darf. Hätte ich jetzt eine Hupe und eine Flasche Sekt, würde ich auch hupen und Sekt trinken.

Wir gehen zur Telefonzelle. Cornelia ruft bei ihren Nachbarn in Altentreptow an und bittet darum, dass sie ihren Eltern Bescheid geben.

Leise betreten Cornelia und ich unsere Wohnung. Papa und Mama schlafen schon. Juliane ist noch nicht zu Hause. Wir schleichen in mein Zimmer und ich mache hinter uns vorsichtig die Tür zu. Wir setzen uns auf die Bettkante. Wie lange habe ich auf diesen Tag und dieses große Ereignis gewartet. Wahnsinn!

Cornelia legt den Arm um meine Schulter, die immer noch von Nolles Schlag weh tut. Mir steht der erste richtige Kuss von einem Mädchen unmittelbar bevor. Cornelias Mund nähert sich dem meinen und ich spüre schon ihren Atem. Plötzlich reißt Juliane meine Zimmertür auf und brüllt mich an: „Paul, die haben die Grenze geöffnet!“

Ich springe hoch und stehe stramm. Papa erscheint im Schlafanzug. Juliane brüllt auch ihn an. Papa überzeugt sich sofort vorm Fernseher von der Wahrheit. Von den Geschehnissen übermannt, erlaubt Papa, dass Juliane zu so später Stunde Vokuhila mit in die Wohnung nehmen darf. Und auch Cornelia muss sich hier nun doch nicht illegal aufhalten, sondern darf offiziell bleiben.

Mama bringt Papa ein Bier, doch er rührt es nicht an, denn er will noch fahren. Mama erinnert ihn daran, dass der Trabant immer noch nicht fahrtüchtig ist, aber Papa meint trotzdem: „Wir fahren jetzt auch über die Grenze!“

Juliane fällt Papa vor Freude um den Hals. Mama fällt beinahe in Ohnmacht. Obwohl es schon so spät ist, ist Oma Martha noch zu uns gekommen.

Seit ich denken kann, hat Oma Martha mir vom einstigen schönen großen Deutschland erzählt und wie furchtbar doch nun die Teilung sei. Vor lauter Freude über den Mauerfall lässt sich Oma Martha von Mama ein Likörchen einschenken und meint: „Ich habe es ja immer gewusst. Konnte ja nicht ewig gut gehen."

Oma trinkt das Gläschen leer und zeigt plötzlich mit dem Finger auf Cornelia: „Wer ist denn das?" Cornelia stellt sich höflich vor, doch Oma hört ihr gar nicht zu. Sie hört gern schwer, wenn sie will, und jetzt tut sie so, als ob sie Cornelia nicht verstanden hätte.

Mama versteht die Welt nicht mehr. Aber sie schmiert trotzdem Tausende von Reisestullen: „Juliane, hol noch ein paar Dosen Jagdwurst aus dem Keller! Drüben können wir nichts kaufen. Dazu haben wir nicht das Geld."

Bis wir wirklich abfahren, vergeht noch einige Zeit. Doch dann ist es soweit.

Wir fahren die Faulenroster Dorfstraße entlang und unser Ziel ist Hamburg! In Hamburg hat Oma Martha einen Bruder und den könnten wir besuchen.

Wir verlassen Faulenrost und Papa gibt richtig Gas. Der Traktor wird furchtbar laut und im Anhänger wird es sehr ungemütlich, auch wenn sich Cornelia an mir festhält. Wir sitzen dort auf umgedrehten leeren Bierkästen. Juliane schmust mit Vokuhila, Mama schlägt ein hartgekochtes Ei gegen die Blechkante des Anhängers, Oma Martha nippelt an der Likörflasche und erzählt zum 150. Mal, dass diese schöne Gegend früher einmal „Mecklenburg" hieß. Für mich ist es der Bezirk „Neubrandenburg".

Jetzt erkläre ich Oma, dass wir in den Bezirk „Schwerin" einfahren, doch Oma winkt ab: „Schwerin ist die Hauptstadt von Mecklenburg und kümmere du dich doch lieber um dein Mädchen." Ich reiche Cornelia eine Decke. Es wird kühl auf dem Anhänger. Vokuhila raucht eine Zigarette. Immer wenn Mama die Augen zufallen, nimmt Juliane einen Zug von der Zigarette.

Hinter uns hupen die Autos. Allerdings nicht mehr vor Freude, sondern weil sie an uns vorbei wollen.

Oma wirft die leere Likörflasche von Bord und singt Volkslieder: „Hab mein Wage voll gelade, voll mit schönen Mädchen." Im Traktor pfeift Papa dazu vergnügt.

Oma singt nicht mehr. Sie ist eingeschlafen. Mama versucht schon lange zu schlafen, aber die Ärmste wird bei jedem Schlagloch wachgerüttelt. Juliane und Vokuhila kuscheln unter einer Decke. Cornelia war mir noch nie so nahe, wie auf diesem LPG-Hänger. Sie schläft an meiner Seite, bis sie von Papa geweckt wird. Der brüllt laut von seinem Traktor: „Scheiße!"

Wir sind am Stauende angekommen. Alle wollen über die Grenze und die muss, wenn ich in Geografie richtig aufgepasst habe, noch eine ganze Ecke entfernt sein.

Ich klettere vom Hänger und gehe an einen Straßenbaum pinkeln. Dabei sehe ich die mit Trabis, Wartburgs und sonstigen Autos zugestellte Landstraße. Die Leute zeigen mit Fingern auf unseren Transport und belächeln uns. Doch dann zwängen sie sich in ihre Autos, denn es geht sieben Meter weiter. Papa wirft den Traktor an und ich klettere wieder auf den Anhänger.

Jetzt werde ich von Papa geweckt. Von seinem Traktor aus brüllt er zum Anhänger: „Los, holt die Ausweise raus! Wir sind an der Grenze!" Ich hole meinen blauen Personalausweis aus der Jackentasche. Kein Grenzsoldat will ihn sehen. Wir fahren einfach an ihnen vorbei. Das ist unglaublich. Einfach durchfahren, ohne dass uns einer kontrolliert. Wahnsinn!

Wir fahren an jubelnden Bundesbürgern vorbei. Sie begrüßen schreiend unseren Traktor und werfen Bananen in den Hänger. Eine Banane trifft Oma Martha an den Kopf und sie schleudert sie wütend ins jubelnde Volk zurück.

Erstmalig in meinem Leben werde ich durch bundesdeutsches Gebiet gefahren.

Juliane kann jetzt in aller Ruhe eine eigene Zigarette rauchen. Mama schläft tief und wird nicht mehr wach. Es gibt keine Schlaglöcher mehr. Vielleicht schlafe auch ich deshalb so richtig tief an Cornelias Seite.

Erst in Hamburg werde ich wieder wach. Es ist schon früh am Morgen.

Papa hält in einer Nebenstraße an. Er schwingt sich von seinem Traktor und stellt sich, in gewohnter Manier an eine riesige Menschenschlange an. Juliane, Vokuhila, Cornelia und ich stellen uns dazu. Wir stehen vor einer Sparkasse, die allerdings noch nicht zu sehen ist, und wollen unser Begrüßungsgeld in Höhe von 100 DM abholen. Mama und Oma Martha bleiben genervt auf unserem Anhänger sitzen. Mama hat das Begrüßungsgeld schon im August in Nürnberg abgeholt und Oma Martha im Januar in Westberlin. Oma Martha durfte schon immer in den Westen fahren, jedenfalls seitdem sie Rentnerin ist.

Ich bin begeistert. Tante Gerdis Auto ist gar nichts gegen die Autos, die hier überall herumfahren. Neben unserer Schlange steht sogar eins mit einer 280 auf dem Tacho! Die Häuser hier, die Menschen, die Laternen – alles anders als zu Hause. Erinnert mich irgendwie an „Tatort“, den Papa immer nach der „Tagesschau“ im Westfernsehen sieht.

Nach drei Stunden Schlangestehen, was selbst für uns DDR-Bürger eindeutig zu viel war, halte ich meinen ersten eigenen 100-DM-Schein in der Hand. Ich schaue ihn mir genau an. Drehe ihn, wende ihn, biege ihn und rieche an ihm. Juliane küsst ihren Schein und Papa steckt ihn ganz normal zu seinen Ostgeldscheinen in sein uraltes Portemonnaie, das schon fast auseinander fällt.

Wir laufen zu unserem Traktor zurück und erst jetzt wird mir so richtig bewusst, wie lange wir angestanden haben. Ich habe das Gefühl, dass wir durch halb Hamburg laufen. Immer an der Schlange entlang zurück.

Mama und Oma Martha werden schon auf uns warten. Wenn Juliane und Cornelia nicht so bummeln würden, wären wir schon längst am Traktor.

Die Mädels bleiben völlig hingerissen vor fast jedem Schaufenster stehen. Bis wir sie verloren haben. Ich mache mir Sorgen und sage zu Papa, dass ich zurückgehen will, um sie zu suchen. Papa sagt, dass er hier auf uns warten wird. Er hat eine gute Stelle erwischt. Von einem LKW werden Coca-Cola und „Holsten Pilsner“ Dosen in die Menge geworfen. Papa, der ehemalige Dorffußball-Torwart, hat gleich eine Büchse Bier gefangen.

Vokuhila kommt mit mir mit. Nun bleibt auch er vor einem Schaufenster stehen. Es ist das Schaufenster eines Waffengeschäftes und Vokuhila staunt. So etwas hat er noch nie gesehen und ich zugegebenermaßen auch nicht.

Juliane und Cornelia sehen wir genauso wenig. Vokuhila hat Durst und will mich auf ein Westbier einladen. Ich will lieber eine Cola und wir machen vor einem Imbiss Halt. So einen Imbiss habe ich noch nicht erlebt. Lauter goldenes Zeug steht dort herum, es läuft orientalische Musik und der Verkäufer ist ein Mann mit einem bedrohlich langen Messer.

Vokuhila spricht ihn an: „Wir wollen haben“, und zeigt dabei auf eine Dose Bier und auf eine Dose Cola. Dann sagt er weiter: „Du verstehen?“ Der Verkäufer lächelt: „Ein Bier, eine Cola und bestimmt zahlst du mit einem 100-DM-Schein, so wie alle heute. Wollt ihr noch einen Döner probieren?“ Vokuhila nickt und schaut mich an. „Ich hätte lieber einen Broiler“, sage ich. „Was ist ein Broiler?“, fragt der Verkäufer und Vokuhila grinst. Bevor Vokuhila hier noch „gock, gock, gock“ und „flatter, flatter“ macht, sage ich: „Ein halbes Hähnchen bitte.“

Endlich warm essen. Vokuhila und ich setzen uns in den Imbiss. Die orientalische Musik besäuselt uns. An der Wand hängt eine riesengroße Armbanduhr und die macht mir noch mehr Angst als das große Döner-Messer. Vier Stunden sind vergangen, seit wir Mama und Oma verlassen haben. Trotzdem gehe ich noch auf die Toilette.

Auch die ist aufregend. Erst finde ich minutenlang die Klospülung nicht, und als ich aufgebe und hinausgehe, zischt und blubbert es von allein im Klobecken. Dann will ich mir die Hände waschen und finde den Wasserhahn nicht. Während ich da so herumprobiere, kommt auf einmal das Wasser von allein aus der Wand und neben mir ballert so ein Fön los, unter dem sich ein Hamburger die Hände trocknet.

Geschockt gehe ich zu Vokuhila zurück. Der ist genauso geschockt wie ich, als er die Rechnung bezahlt.

Wir verlassen den Imbiss.

Jungs in keimigen Lederjacken, mit komischen Frisuren, mit Ringen in den Nasen und Ohren, Jungs, die unsere Volkspolizei daheim sofort mitgenommen hätte, quatschen uns an: „Habt ihr mal ’ne Mark?“ Vokuhila zieht mich schnell weiter und meint: „Jetzt frag nicht, ob sie deine 100 Mark wechseln können.“

Ich stolpere über einen Mann, der auf der Straße liegt und nur deshalb nicht nach Geld fragt, weil die Frage auf einem Pappschild um seinen Hals hängt. Da haben Frau Bindesleben und Herr Kleinschmidt also immer Recht gehabt, mit dem Kapitalismus im Westen.

Vokuhila und ich irren durch die Massen. Unsere Landsleute haben Bananen in der Hand und die Hamburger meistens Mikrofone. Nicht alle, aber hier und da, nehmen sie die Bananenträger auf. Wie auch gerade meine Schwester, die ins Mikrofon eines Radiosenders brüllt: „Endlich einmal das zu erleben! Ich bin so glücklich!" Ich ziehe Juliane zu mir: „Wir müssen zu Mama und Oma!" Juliane sagt ganz aufgeregt: „Gleich, nur noch einmal Cornelias Heul-Nummer."

Ich bin entsetzt! Cornelia heult ins Mikrofon: „Ich habe 40 Jahre in der Zone unter Erich gelitten." Die Hamburger jubeln und haben keinen Plan, denn Erich regierte nicht all die 40 Jahre und Cornelia ist noch keine 40.

Vokuhila und ich sind sehr geduldig. Wir ziehen uns die Szene noch drei Mal rein, weil noch drei verschiedene Fernsehsender das aufnehmen möchten. Immer die gleiche Nummer von den beiden, bis Papa kommt und ein Machtwort spricht: „Schluss jetzt, wir wollen noch zu Opa Heini!"

Juliane, Cornelia, Vokuhila, Papa und ich laufen durch die Straßen Hamburgs, bis wir endlich bei unserem Traktor sind. Mama kommt uns heulend entgegen: „Ich halte das alles nicht mehr aus!"

Der Anhänger vom Traktor ist von Kamerateams aus aller Welt umlagert. Oben auf dem Hänger steht Oma Martha und singt: „Deutschland, einig Vaterland".

Wir steigen alle auf den Hänger und ziehen die heulende Mama mit hinauf.

Papa startet den Traktor und wir fahren vorzeitig in die DDR zurück. Oma singt das Deutschlandlied und im Traktor pfeift Papa dazu vergnügt. Juliane und Cornelia winken immer wieder irgendwelchen Menschen zu und rufen: „Wir sind ein Volk!“

Vokuhila dünstet die Knoblauchsoße vom Döner aus, dennoch schlafe ich an seiner Seite.

Gute Nacht!

Herr Lindenblatt an Weihnachten, Dezember 1989

Genervt laufe ich durch das „Centrum“ Warenhaus in Neubrandenburg. Alle laufen hier genervt herum und dabei begleitet uns weihnachtliche Musik. Für Papa habe ich schon ein Weihnachtsgeschenk. In der Lebensmittelabteilung habe ich für Ostgeld eine Art Pappkarton mit sechs Westbieren aus Dortmund erstanden. Bei Mamas Geschenk habe ich ein echtes Schnäppchen gemacht. Einen Bildband: „40 Jahre DDR“, den sie unterm Preis verkauft haben.

Auf der Rolltreppe blättere ich in dem Bildband. Da ist ja ein Foto von Mama mit ihren Kolleginnen drin! Das Bild ist noch aus dem Vorjahr, als Erich Honecker die LPG besuchte und Mama vorher tagelang im Sondereinsatz war, um den Speiseraum der LPG neu anzustreichen. Im Dorf erzählen alle, dass sich Erich Honecker demnächst bei einem Pfarrer verstecken könnte. Na ja, das passt zur Jahreszeit, aber ich habe immer noch kein Weihnachtsgeschenk für Juliane.

Da sehe ich meinen Retter in der Not.

Nolle wühlt in der Textilabteilung nach Brauchbarem herum und er ist sofort bereit mir zu helfen. Nolle sagt, dass ich die billige Windjacke aus Dederon-Stoff für meine Schwester kaufen soll. Ich bin entsetzt, aber traue mich nicht, Nolle zu widersprechen. Seine Idee ist gut. Im Bus nach Faulenrost trennt Nolle mit seinem Taschenmesser vorsichtig Buchstaben aus dem aufgenähten Schild in der Jacke heraus.

In Neubrandenburg stand noch „VEB Textilfabrik Cottbus & das Kollektiv Adolf Hennecke“ in der Windjacke und kurz vor Faulenrost hat Nolle daraus „C&A“ gemacht. Meine Schwester wird sich freuen!

Ich fühle mich eindeutig zu Dank verpflichtet und will Nolle in Faulenrost in den „Faulenroster Hof“ zum Bier einladen.

Doch da hineinzukommen, scheint heute unmöglich zu sein. Die Kneipe wird von einer Menschenkette versperrt. Ähnlich wie damals auf dem Leipziger Hauptbahnhof. Nur dieses Mal sind es keine Volkspolizisten, sondern ganz normale Menschen. Auch haben sich damals die Volkspolizisten nicht an ihren Händen angefasst, so wie diese Leute hier. Sie waren eingehakt. Trotzdem scheint ein Durchkommen auch hier unmöglich zu sein.

Nolle und ich laufen an der Menschenkette entlang und wir suchen das Ende. Es ist kein Ende zu sehen, soweit das Auge reicht. Wir werden aufgefordert, uns einzureihen. Nolle meint, dass das unsere Chance sei.

In beiden Richtungen treten die vielen Menschen für uns einen Schritt weiter. Wenn ich diese Aktion richtig verstanden habe, sind nun viele Menschen extra wegen uns in der gesamten DDR in Bewegung, denn die Menschenkette soll sich durch das ganze Land erstrecken.

Fast alle tragen ein Stirnband. Auf dem Stirnband steht: „Keine Gewalt.“

Nolle und ich stehen minutenlang in der Menschenkette. Ich halte seine Hand und mit der anderen das heulende Kind von unserer Konsum-Verkäuferin. Das Kind will einfach nur nach Hause. Die Konsum-Verkäuferin droht ihrem Liebling mit einer Schelle, wenn er nicht bald ruhig ist. Mit meinen Augen weise ich sie auf ihr Stirnband hin.

Nolle kneift mir in die Hand. Ich wende mich ihm zu. Er gibt mir zu verstehen, dass wir nun ins Hinterland, in den „Faulenroster Hof“, verschwinden werden.

Wir lösen uns aus der Menschenkette. Nolles Nachbar versucht nun die Hand des Kindes zu greifen und wieder rührt sich die gesamte Reihe und wir haben eine Bewegung durchs ganze Land ausgelöst.

Im „Faulenroster Hof" sitzen wir am Stammtisch von Nolle. Auch wenn ich Nichtraucher bin, bin ich am Rauchen. Nur von der Kneipenluft her, so verqualmt ist es hier. Der Wirt bringt Nolle ein Bier und mir eine Cola.

Ich weiß nicht, wohin mit meinen Händen. Jedenfalls nicht auf dem Tisch. Die Tischdecke ist pitschnass und müffelt wie Papa am Freitagabend. Nolle kennt hier jeden und prostet jedem mit einem Schluck Bier zu. Deshalb bringt ihm der Wirt gleich ein neues Bier aus der nassen Blechtrommel.

Einige Leute stehen in blauen Arbeitsklamotten am Tresen und diskutieren heftig über Fußball. Papas Mannschaft Hansa Rostock muss wieder absteigen und der BFC Dynamo wieder Meister werden, wenn es nach dem Staat geht, sagen sie. „Nicht so laut", sagt ein besoffener Bauer, weil Herr Hüttenheber in die Kneipe kommt. Früher haben alle das Thema gewechselt, wenn Herr Hüttenheber auf der Bildfläche erschien. Jetzt diskutieren alle fröhlich weiter und der besoffene Bauer wird ausgelacht. Das ist ihm peinlich und schnell lenkt er von sich ab, indem er lautstark Herrn Hüttenheber anspricht: „He, Hütti! Was macht eigentlich die Partei?!" Herr Hüttenheber rührt bedächtig in seinem Kaffee und meint: „Wir haben eine Wende eingeleitet." Ich wende meinen Blick zu Herrn Hüttenheber und erst jetzt fällt mir auf, dass er nicht mehr sein „Bonbon" am Jackett trägt. Alle Parteigenossen hatten früher das „Bonbon", das Parteiabzeichen, am Jackett. Bei Herrn Kleinschmidt hatte ich es auch schon vermisst. Apropos Herr Kleinschmidt, ich muss morgen wieder zur Schule.

Ich gebe dem Wirt zwei Mark für Nolles Biere und meine Cola und verlasse die Kneipe. Das tut gut. Endlich frische Landluft.

Sechsmal werden wir noch wach und dann ist Weihnachten.

Ganze siebenmal bin ich wach geworden und heute ist Weihnachten. Sechsmal bin ich zu Hause wach geworden und einmal in der Schule, in Staatsbürgerkunde. Dieser Unterricht war schon immer langweilig, aber jetzt steht Herr Kleinschmidt immer vor unserer Klasse und weiß nicht mehr, wie er uns beschäftigen soll. Wir dürfen unsere Pausenbrote essen und die Hausaufgaben für Deutsch oder Mathe machen.

Ich sitze in meinem Zimmer und packe meine Weihnachtsgeschenke in Geschenkpapier ein. Papa sitzt vorm Fernseher und schaut sich die Weihnachtsansprache vom Bundeskanzler Helmut Kohl an. Dieser wünscht allen Deutschen ein frohes Weihnachtsfest und spricht von einer baldigen Wiedervereinigung, genau wie Oma Martha es immer macht.

Für Oma Martha habe ich ein Bild gemalt. Einen Sonnenuntergang hinter den Feldern unserer LPG. Juliane hat mir den Tipp gegeben, „Unsere schöne deutsche Heimat“ darunter zu schreiben. Oma wird sich garantiert freuen, nur muss ich noch die Sonne ausmalen. Dazu brauche ich rote Farbe. Komisch, eben war sie doch noch hier.

Während ich eilig neue rote Farbe anrühre, reißt Mama die Zimmertür auf: „Paul, wir müssen los!“ Vor Schreck läuft mir die rote Farbe über die Hände. Mama lässt mir keine Zeit, sie abzuwaschen. Wir müssen los.

Eilig laufen Papa, Mama, Juliane, Oma Martha und ich zur Dorfkirche.

Wir gehen sonst nie in die Kirche. Heute gehen wir dorthin, weil es in letzter Zeit modern geworden ist, in die Kirche zu gehen.

Ich bin beeindruckt von der lauten Orgelmusik und den vielen Kerzen. Kerzen sind in letzter Zeit auch sehr modern geworden.

Herr Lindenblatt besteigt die Kanzel. Herr Lindenblatt ist unser Dorfpfarrer. Er erzählt ungefähr das Gleiche wie Helmut Kohl im Fernsehen.

Nach seiner Predigt macht er Werbung. Werbung für den „Demokratischen Aufbruch", eine neue Partei in der DDR.

Nach dem Gottesdienst steht Herr Lindenblatt an der Kirchentür und schüttelt jedem kräftig die Hand. Ich will ihm meine rot beschmierte Hand nicht geben, doch er ermahnt mich: „Na, mein Sohn ..." Selbst schuld, denke ich, und reiche ihm meine Hand.

Papa, Mama, Juliane, Oma Martha und ich gehen noch zum benachbarten Dorffriedhof. Oma Martha, glückselig vom Gottesdienst erfüllt, will noch Blumen niederlegen. Lautstark läuten die Kirchenglocken und die Menschen tragen, nun auch in Faulenrost, Kerzen.

Wir verlassen stillschweigend den Dorffriedhof und in das liebliche weihnachtliche Kerzenlicht mischt sich das Blaulicht eines Volkspolizeiwagens. Ich will zur Kirche zurück, um zu sehen, was dort los ist. Doch Oma Martha hält mich fest: „Es gibt doch jetzt gleich die Bescherung."

Natürlich will ich die Bescherung nicht verpassen. Ich will sehen, wie Oma sich über mein Deutschlandbild und Juliane über die „C&A"-Jacke freuen. Papa wird sich bestimmt auch über die Westbiere freuen. Er schaut zum Polizeiwagen und meint gelangweilt: „Vielleicht drehen die heute noch einen Tatort vor der Kirche." Mama sagt: „Oder einen Polizeiruf 110."

Ich halte die Spannung nicht aus und renne zur Kirche zurück.

Die Glocken läuten nicht mehr und so höre ich, wie Hauptmann Loregang zu Herrn Lindenblatt sagt: „Deutsche Volkspolizei. Sie sind festgenommen." Das ist ja doch mehr „Polizeiruf 110" als „Tatort" und Herr Lindenblatt muss in den Polizeilada einsteigen.

Nolle haut mir wieder einmal auf die Schulter: „Fröhliche Weihnachten, Paul! Was machst du denn hier?" Jetzt will ich auch einmal an der Wendegeschichte der DDR teilhaben und bitte Nolle, dass wir dem Polizeilada hinterherfahren.

Nolle startet seine Simson und ich schwinge mich hinten rauf.

Während der Fahrt spricht Nolle durch seinen Helm, sodass ich ihn kaum verstehe. Ich verstehe nur, dass die Volkspolizei Herrn Lindenblatt festgenommen hat, weil er rote Farbe an seiner Hand gehabt hat.

Vorm schönen Einfamilienhaus von Herrn Hüttenheber bremst der Polizeilada scharf und Nolle dahinter auch.

Am Haus steht mit roter Farbe geschrieben: „Stasi in die Produktion."

Herr Lindenblatt schwört vor Gott, dass er den ganzen Abend in der Kirche war, und Herr Hüttenheber beschimpft ihn: „Du und deine Leute! Ihr seid an allem Schuld! Der Teufel soll euch holen!"

Ich stehe am Gartentor und finde es spannender als in jeder Folge von „Polizeiruf 110". Die Spannung steigt, als Hauptmann Loregang mich am Handgelenk packt und sagt: „Deutsche Volkspolizei! Du bist der Täter! Du hast ooch de rodde Farbe an der Hand." Vom Fernsehen weiß ich, dass ein Geständnis immer das Beste ist und gebe die Tat zu, obwohl ich schon drei Wochen nicht mehr in dieser Gegend war.

Inzwischen sind immer mehr Faulenroster an den Tatort gekommen. Sie werden mir alle zujubeln, wenn Hauptmann Loregang mich in den Polizeiwagen abführen wird. Ich werde in die Dorfgeschichte eingehen, als Weihnachtsheld der Wende.

Doch Hauptmann Loregang sagt ganz ruhig zu mir: „Bürger Paul, nun gähn Se mol nach Hause und feiern Weihnachdn. Den Vorfoll klärn wa im neun Johr im Volkspolizeipräsidjum.“

Nolle fährt mich auf seinem Moped nach Hause. Nun gut, ich soll eben kein Held werden.

Zu Hause ist die Bescherung schon in vollem Gange. Alle warten auf meine Geschenke.

Papa macht sich das erste Westbier auf und sagt: „Gut. Danke, mein Junge.“ Mama wickelt den Bildband aus und freut sich, während die Weihnachtsmusik dahinplätschert: „Das waren noch schöne Zeiten.“ Oma Martha verzieht kurz das Gesicht, doch dann freut sie sich über mein Bild und vor allem über den Text dazu. Auch Juliane verzieht kurz das Gesicht, während sie enttäuscht die Windjacke ins weihnachtliche Kerzenlicht hält. Doch dann sieht sie das Schild „C&A“ und brüllt mich an: „Danke, Paul!“ Vor Freude gibt sie mir einen Kuss. Ich will einem zweiten Kuss ausweichen, doch sie hält meinen Kopf mit beiden Händen an den Backen fest.

Oma Martha trinkt noch ein Likörchen und singt freudig: „Rote Lippen soll man küssen, denn zum Küssen sind sie da …“ Alle lachen mich aus. Papa macht das nächste Westbier auf und meint: „Paul, du musst doch nicht gleich so rot werden.“ Rot? Ich schaue in den Spiegel und bin tatsächlich auf beiden Backen richtig rot. Es war eindeutig rote Farbe auf Julianes Händen.

Mama zündet noch eine Weihnachtskerze an. Und mir geht ein Licht auf. Da werde ich müde und gehe schlafen.

Gute Nacht!

Nolle und die Stasizentrale, Januar 1990

Heute ist richtig etwas los in Faulenrost. Viele Leute rennen zur LPG, weil dort ein Sonder-LPG-Bus nach Berlin bereitsteht.

Die meisten Bauern kommen mit Mistforken und Beilen. Ihr Ziel ist die Stasizentrale in Berlin. Alle sind sich sicher, dass sie dort eine Akte haben und die wollen sie haben. Notfalls eben mit Gewalt.

Das schwer bewaffnete Faulenroster Heer marschiert schon den Beton-Plattenweg Richtung LPG entlang. Nolle, Vokuhila, Juliane in ihrer neuen „C&A"-Jacke und ich laufen mit. Allerdings unbewaffnet. Ob ich wirklich in den Bus einsteigen werde, weiß ich noch nicht. Erstens hat es Mama ausdrücklich verboten, zweitens habe ich heute Nachmittag noch den Termin auf dem Volkspolizeipräsidium und drittens hat Cornelia heute „sturmfreie Bude", weshalb ich vielleicht noch nach Altentreptow fahren könnte.

Der Bus kommt uns schon entgegen. Was für einen Bus haben die extra gemietet! Es ist so ein Luxusbus aus dem Westen. Der Busfahrer hupt und versucht an unserem Faulenroster Stoßtrupp vorbeizukommen. Unser Trupp flucht, weil der Bus bis auf den letzten Platz mit schicken Rentnern besetzt ist. Einer unserer Leute flucht: „Das ist doch schon wieder so ein verdammter Trick der Stasi!"

Die Rentner aus dem Bus filmen und fotografieren uns durch die Fensterscheiben. Am Bus steht: „Schwarzwälder Kaffeefahrten." Der Bus fährt vorsichtig an uns vorbei. In letzter Zeit fahren hier öfter solche Busse umher, mit Bundesbürgern, die über unsere schöne DDR staunen.

Einmal hat mir eine Rentnerin aus so einem Bus Schokolade geschenkt. Als ich „Danke“ sagte, war sie ganz entzückt. „Der kann ja richtig Deutsch sprechen! Ich dachte, hier müssen alle Russisch sprechen und überhaupt, der sieht ja fast so aus wie wir“, sagte sie. Ich warf die Schokolade nach ihr, schoss ihr damit die Pelzmütze vom Kopf und ging weiter.

Wir sind an der LPG angekommen und unser Bus steht schon bereit. Er ist vom Typ „Robur“.

Alle laden ihr Kriegsgerät auf das Dach des Robur und steigen in den Bus. Juliane und Vokuhila versuchen mich zu überreden, dass ich mitfahre. Sie schaffen es nicht. Nolle mischt sich kurz ein und dann steige ich auch in den Bus. Ich konnte ihm noch nie widersprechen.

Wir sind in Berlin angekommen und bald in der Normannenstraße. Hier steht die Bastion, die Faulenrost erobern will.

Unsere künftigen Helden verlassen kampfeslustig und siegesgewiss den Robur. Vom Dach des Busses wirft ein Bauer die Waffen und ein jeder fängt seine Mistforke oder sein Beil mit bitterem Gesichtsausdruck.

Wir nähern uns dem großen Eisentor der Stasizentrale.

Der Bauer, der uns anführt, brüllt: „Legt an!“ Das vorderste Glied bringt die Beile in den Anschlag. Das Tor ist auf. Ohne Kampfhandlung rennen wir in den Hof.

Auch der Stasi-Neubaublock kann ohne Probleme eingenommen werden. Alle Türen stehen offen. Wir stürmen durch die Flure und Büros. Alle Türen und Schränke sind schon vor uns aufgebrochen worden. Überall liegen Akten und Dokumente herum. Der Bauernführer wirft wütend sein Beil durch ein Fenster und brüllt: „Diese Scheiß-Berliner waren wieder schneller!“

So ein Pech. Faulenrost mit seinen Helden wird nun doch nicht in die Geschichte eingehen.

Jeder sucht krampfhaft nach seiner Stasiakte. Vergebens, bei immerhin siebzehn Millionen DDR-Bürgern und dem vielen Müll, der hier herumliegt.

Nur ich werde fündig. Vielleicht, weil ich nicht nach meiner Akte, sondern nach anderem Brauchbarem suche. Es ist ein großes Foto. Auf diesem schüttelt Herr Hüttenheber Erich Mielke die Hand. Erich Mielke war unser Oberstasi und sitzt inzwischen im Knast. „Ich liebe euch doch alle, alle Menschen", sage ich zu Juliane und sie spuckt in die Ecke. Das waren Erich Mielkes letzte Worte an die DDR-Bevölkerung.

Juliane meint, dass wir mit diesem Foto Herrn Hüttenheber vielleicht auch endlich in den Knast bringen könnten und will es haben. Ich stecke es in meine Jacke. Vielleicht habe ich damit etwas Brauchbares für Julianes 18. Geburtstag am 18. März. Doch Juliane will es gleich haben und geht mir an die Wäsche: „Gib es her! Du kannst doch damit gar nichts anfangen!" Ich wehre mich, doch sie beißt mir in die Hand. Da muss ich die Notbremse ziehen und das ist Julianes Zopf. Sie schreit auf. Nolle und Vokuhila kommen und reißen uns auseinander. Juliane spuckt noch einmal in dieselbe Ecke.

Unsere vielen Beile kommen in Berlin doch noch zum Einsatz.

Wir sind alle zur Mauer gefahren. Diese wird schon seit Wochen von vielen Menschen zerhackt.

Neidisch glotzen die Berliner uns an, als wir mit unseren Geräten die größten Mauerstücke herausholen und eifrig in den Robur schmeißen. Nolle meint, dass diese Mauerstücke viel Geld bringen werden und organisiert sofort eine Höchstleistungsschicht. Unsere kräftigsten Bauern dürfen von nun an nur noch mit Beilen an die Mauer heran. Ich bin nicht dabei und stehe neben Vokuhila in der Kette zum Robur. Immer größere Stücke bekomme ich zugereicht und gebe sie schweißgebadet an Vokuhila weiter. Im Bus schiebt Juliane die schweren Teile in jede freie Ecke. Inzwischen stehen die Berliner mit offenem Mund da und staunen über unsere Förderleistung. Nolle meint, dass wir noch besser seien als einst Adolf Hennecke im Schacht.

Endlich Feierabend! Von der Mauer ist an dieser Stelle nichts mehr zu sehen! Wir haben einen neuen Grenzübergang geschaffen.

Ich bin froh, zusammen mit Vokuhila, Juliane, Nolle und unseren fleißigen Adolf Henneckes wieder im Robur zu sitzen.

Wir fahren los und nach drei Metern brechen die Achsen. Mit einem lauten Knall landet der Bus auf dem Boden.

Nolle hat sofort einen Plan. Er macht aus dem Robur einen Laden. Deutsche, Engländer, Amerikaner und vor allem Japaner interessieren sich für unsere Angebote und wollen die Mauerstücke für viel Geld kaufen. Doch sie bekommen sie nicht weg und so fotografieren sie die Teile nur.

Wir sind auch erst spät aus Berlin weggekommen. Papa hat die Schätze und uns abgeholt. Mit dem Traktor und dem voll beladenen Anhänger sind wir nach Faulenrost zurückgefahren.

Seitdem gibt es in Faulenrost viele Gärten mit den gleichen Gehweg-Platten.

In meinem Zimmer herrscht eine Bullenhitze. Die Zentralheizung in unserem Neubaublock läuft auf Hochtouren. Ich muss sie regulieren. Ich drehe am schwarzen Plastegriff und das Fenster ist geöffnet. Die kalte Winterluft dringt in mein Zimmer und ich kann endlich schlafen.

Gute Nacht!

Papa und die Aufbauhilfe Ost, Februar 1990

Endlich haben wir Winterferien. Mein Zeugnis ist inzwischen genauso schlecht wie das von Rudi. Rudi hatte sonst immer ein noch schlechteres Zeugnis und das, obwohl ich manchmal im Diktat oder in der Mathematikarbeit bei ihm abgeschrieben habe, als Bernhard noch nicht mein Banknachbar war. Wie es wohl Bernhard im Westen geht? Man hat die damals alle aus der Botschaft in den Westen geholt. Der arme Rudi hatte früher nur so schlechte Zensuren, weil er der Einzige in unserer Klasse war, der nicht zur FDJ gehörte. Dafür war Rudi im Konfirmanden-Unterricht, also bei der Kirche. Das war schon etwas Besonderes.

Wenn ich die heutige Zeit richtig verstehe, wird es demnächst wahrscheinlich genau umgekehrt sein. Kirche wird normal und ein einsamer FDJler etwas Besonderes.

Ich habe Papa erklärt, mein Zeugnis sei miserabel, weil ich mich in dieser turbulenten Zeit so schlecht konzentrieren kann. Schließlich spricht Papa doch dauernd von der „Wende". Mama meint, dass ich mit so einem schlechten Zeugnis keine gute Lehrstelle bekommen werde. Nolle sagt, dass das Quatsch ist, denn in unserer LPG würden sie jeden nehmen und gerade jetzt, wo so viele LPG-Mitglieder in den Westen gegangen sind.

Papa ist ohnehin nicht nach Schimpfen zumute. Er ist zurzeit der glücklichste Mensch auf Erden. Dreizehn Jahre hat er auf dieses große Ereignis gewartet und nun steht er himmelblau auf unserem Hof.

Also, nicht Papa, sondern unser nagelneuer Trabant 601 de Luxe. Das lange Warten auf das neue Auto hat sich gelohnt.

Stolz führt Papa mir, Juliane und einigen Schaulustigen das moderne Lenkrad, die Rollgurte und den Intervall-Scheibenwischer vor.

Mama stopft schon kräftig das Reisegepäck in den neuen Kofferraum und flucht dabei: „Da hat sich ja gar nichts verändert in den letzten fünfundzwanzig Jahren!“

An diesem Tag hat gleich zwei Mal das Warten ein Ende. Der neue Trabant kann sofort auf Probefahrt gehen. Denn wir haben auch einen FDGB-Ferienplatz in einem der schönsten Schneegebiete der DDR bekommen, darauf haben wir ebenfalls jahrelang gewartet. Wir werden nach Oberwiesenthal fahren.

Bevor wir losfahren, klebt Juliane noch einen Aufkleber an unser neues Auto. Er ist schwarz-rot-gold und darauf steht: „Wir sind ein Volk.“ Mama ist von den Reisevorbereitungen so genervt, dass sie statt zu schimpfen nur das Gesicht darüber verzieht. Ich finde es langweilig, denn an fast jedem Ostauto klebt jetzt so ein Ding.

Papa öffnet die Motorhaube, schraubt den Tank auf, hält den neuen Benzin-Meßstab hinein und sagt, dass genug Benzin im Tank sei. Wir können losfahren.

Stolz startet Papa den nagelneuen Wagen und wir fahren in den Winterurlaub los. Alles ist noch schön sauber im Auto und Papas Hände diesmal auch.

An der Autobahnraststätte „Walsleben“ machen wir die erste Pause.

Heute gibt es keine hartgekochten Eier und keine Jagdwurst-Stullen, denn Mama lädt uns zum Essen ein. Sie hat eine Prämie der LPG in ihrem Portemonnaie. Sie und ihre Küchenfrauen sind zum 17. Mal in Folge „Kollektiv der sozialistischen Arbeit“ geworden. Inzwischen glaubt sogar schon Mama daran, dass es das letzte Mal gewesen ist.

Wir essen jeder eine Grilletta. Vom Nachbartisch schreit ein kleines Mädchen, während es auf meine Grilletta zeigt: „Ich will auch so einen Hamburger haben!“ Die Göre bekommt ihren Wunsch erfüllt und der angefangene Broiler wird einfach weggeworfen. Dann gibt es noch Eis und Kekse. Wir dürfen nichts mehr bestellen. So hoch war Mamas Prämie nun auch wieder nicht. Am Nachbartisch wird die dritte Runde Torte gegessen und die Mutter im Pelzmantel lacht laut durch den Raum: „Nun langt mal ordentlich zu. Ist das alles billig hier. Wenn nur der Kaffee nicht so schlecht schmecken würde.“

Das war für Mama das Signal. Sie verzieht mit einem Blick Richtung Nachbartisch ihr Gesicht und will gehen. Frau Pelzmantel schaut zu Mama: „Ihr seid selber schuld. Vierzig Jahre Misswirtschaft.“ Ihr Mann, der einen schmalen Lederschlips trägt, nickt dazu.

Wir zuckeln gemütlich auf der Autobahn mit Tempo 90 weiter. Mehr darf Papa noch nicht fahren. Der Motor muss vorerst geschont werden. Juliane liest die „Bild“-Zeitung, die es auf einmal für Ostgeld zu kaufen gibt. Mama liest nach wie vor das „Neue Deutschland“, auch wenn sie meint, dass man nun auch dieser Zeitung nicht mehr trauen kann.

Plötzlich überholt uns ein dicker BMW mit westdeutschem Kennzeichen und die darin sitzende Familie scheint uns auszulachen. Es sind die vom Nachbartisch aus Walsleben. So habe ich Mama noch nicht erlebt. Sie ist so wütend, dass sie Papa überredet, Gas zu geben. Papa hängt sich an den BMW. Inzwischen mit Tempo 120! Der BMW braust auf einmal davon. Wir verlieren ihn eine Weile aus den Augen. Nicht lange, da steht er am Seitenstreifen und Herr Lederschlips versucht verzweifelt, Autos anzuhalten. Langsam fährt Papa an ihm vorbei. Mama ist immer noch so außer sich, dass sie ihm einen Vogel zeigt. So habe ich Mama wirklich noch nie gesehen!

Papa fährt dennoch rechts ran. Der Lederschlips ist völlig aufgelöst. Sein Wagen hat ihn zum ersten Mal im Stich gelassen. Na ja, Papa ist mit so einer Situation voll vertraut und schaut sofort unter die Motorhaube des BMW. Nachdem er heute schon unter seiner Motorhaube gestaunt hat, staunt er jetzt noch mehr. Dennoch sagt er gelassen: „Ich brauche eine Unterlegscheibe und ein Stück Draht." Lederschlips scheint damit hoffnungslos überfordert zu sein und zuckt mit den Schultern. Frau Pelzmantel dreht sich weg und das Kind schreit nach Bonbons. Ich gebe dem Kind einen von meinen Drops ab und Frau Pelzmantel kontrolliert sofort die Rollenverpackung. Als ob ich ihren Liebling vergiften wollte.

Jedenfalls lutscht das Kind vergnügt einen DDR-Drops und Papa holt seinen ständigen Begleiter aus dem Trabant. Es ist seine Ersatzteilkiste.

Papa bastelt nun an einem Westauto und Frau Pelzmantel guckt, als ob Papa nun den BMW vergiften will.

Der BMW läuft wieder und dessen Familie staunt. Papa wirft die Motorhaube zu und meint: „Tja, vierzig Jahre Misswirtschaft und man hat so Einiges gelernt."

Papa startet unser Auto mit völlig von Öl beschmierten Händen, und Mama schimpft: „Du hast mir versprochen, endlich einmal mit sauberen Händen in den Urlaub zu fahren, wenn wir das neue Auto haben. Wieder nichts."

Papa sagt, er habe Joint Venture geleistet.

Wir fahren weiter über die Autobahn. Es dauert gar nicht lange und dieser BMW überholt uns wieder. Jetzt lächelt uns die Familie freundlich zu. Papa grüßt ganz gelassen von seinem neuen Lenkrad aus. Mama bestaunt völlig desinteressiert das neue Handschuhfach. Juliane macht das Kind im anderen Auto neidisch, indem sie sich noch einen Drops in den Mund steckt. Weg ist er, der schnelle BMW.

Bald sehen wir ihn schon wieder. Er steckt in einer Volkspolizeikontrolle. Auf unseren Autobahnen darf man eben nur 100 fahren. Gemütlich fährt Papa mit Tempo 90 an der Kontrolle vorbei.

Inzwischen sind wir schon auf der Autobahn nach Dresden. Papa meint, dass es die schlechteste Autobahn der DDR sei und der Trabant wird kräftig durchgeschüttelt. So sehr, dass Mamas Lesebrille von der Nase direkt auf das „Neue Deutschland" fällt. Papa meint, dass ein neues Klappergeräusch am Trabant zu hören ist. Juliane blättert eifrig in der nagelneuen Bedienungsanleitung des Autos. Sie liest den ersten Satz auf Seite drei vor: „Beim Trabant klappert eigentlich immer etwas." Papa wird wütend: „Aber nicht so!"

Mama wird auch sauer, denn schon wieder überholt uns dieser BMW. Er hupt und die Familie winkt uns freundlich zu. Mama sagt verbittert: „Werden wir die denn gar nicht mehr los?"

Der BMW zieht mit vollem Tempo weiter und Papa meint: „Wenn das mal gut geht, auf der Piste."

Scheint so oder so nicht gut zu gehen. Da kommt auch schon die Polente in der grünen Minna. Sie verfolgen den BMW. Schade, nach der nächsten Kurve kann ich das Schauspiel nicht mehr beobachten. Wir hoppeln zu langsam auf dieser Strecke und Mama behauptet, dass schon etwas am Auto abgefallen wäre.

Da rechts auf einem Parkplatz steht auch schon der grüne Polizeiwartburg. Sie müssen es aufgegeben haben, den rasenden BMW einzuholen.

Lange ist der aber nicht gerast. Diese Autobahn verträgt eben selbst ein robustes Westauto nicht. Schon wieder steht der BMW am Fahrbahnrand und Lederschlips sieht verzweifelt unter die Motorhaube. Mama schreit sofort Papa an: „Jetzt fährst du aber weiter! Ich kann die nicht mehr sehen!" Lederschlips guckt wie ein Schwein vor der Schlachtung und das erregt bei Papa Mitleid, obwohl er in der LPG ist. Papa fährt wieder heran und rennt mit seiner Ersatzteilkiste zum BMW, wie ein Notarzt zum Opfer.

Papas Operation dauert und dauert. Die Dresdener Autobahn war einfach zu heftig für dieses Auto. Fast weinend sagt Frau Pelzmantel: „Gibt es noch eine Chance?" Gelassen antwortet Papa: „Das dauert länger. Paul! Die Zange!"

Lederschlips fängt auch gleich an zu weinen: „Ich muss in einer halben Stunde in Dresden sein. Sonst kann ich die Verträge zur Aufbauhilfe Ost in eurer DDR nicht abschließen." Papa spricht, trotz des Maulschlüssels im Mund: „Dann wird wohl die Aufbauhilfe an Ihrem kaputten Auto scheitern." Juliane lächelt: „Das bedeutet noch einmal vierzig Jahre Misswirtschaft. Fahren Sie lieber schnell mit unserem Trabant hin."

Gesagt, getan. Papa schreibt „Wendegeschichte" und erklärt dem Helfer aus dem Westen die Lenkrad-Gangschaltung. Mama und Frau Pelzmantel laden das Gepäck aus den Autos um. Mama stopft unser Gepäck in den Kofferraum des BMW und glaubt etwas vergessen zu haben, weil am Ende noch so viel Platz im Kofferraum geblieben ist.

Die andere Familie fährt mit unserem Auto los. Sofort wirft sich Juliane auf die weiche Rückbank des BMW. Ich tröste Mama. Sie weint über alles und vor allem, weil Papa, wie auf jeder Urlaubstour, wieder am Auto schraubt.

Papa schmeißt die Motorhaube zu und macht sich mit dem BMW vertraut.

Wir fahren weiter. Ich muss schon sagen, in diesem BMW fahren wir auf der extrem holprigen Autobahn nach Dresden bequemer, als im Trabant auf der besten Straße der DDR.

Kurz vor Dresden wundert sich Papa: „Eigentlich hätten wir doch schon längst unseren eigenen Trabant einholen müssen. Was hat der Typ denn nun noch mit unserem Auto angestellt?“ Was Papa angestellt hat, fragen wir uns, als die Volkspolizei uns zur Seite winkt.

Der Volkspolizist erwartet von Papa, dass er die Fensterscheibe herunterkurbelt. Papa findet die Kurbel nicht. Der Volkspolizist grinst freundlich in den Wagen und zeigt auf den elektrischen Fensterheber. Papa drückt auf den Knopf und staunt nicht schlecht. Der Vopo lächelt: „Bürger der BRD, nun zeigen Sie mal bitte Ihre Papiere.“

Papa sucht vergebens in seiner Jacke. Mama schreit auf und benutzt in ihrer Tagesverzweiflung ein Wort, das sie sonst nie benutzt: „Scheiße! Unsere Dokumente habe ich doch zu den Reiseunterlagen ins Handschuhfach gelegt.“ Das Handschuhfach im Trabant hatte Mama in der Aufregung nicht mehr ausgeräumt.

Der Vopo lächelt weiter: „Na, dann sehen wir eben mal im Handschuhfach nach.“

Im Handschuhfach des BMW liegt eine Mappe mit einem schwarz-rot-goldenen Einband und zögerlich reicht sie Mama dem Volkspolizisten. Der liest und liest und staunt und staunt, bis er wieder lächelt: „Sie sind also Familie Hoffmann aus Lübeck und wollen zu einer Tagung nach Dresden, um unseren Staat zu retten. Na, wenn das kein Glückstag ist.“

Der Volkspolizist wirft die Mappe auf Papas Schoß und sperrt sofort die Autobahn ab. Er rennt zu seinem Polizeilada und brüllt: „Folgen Sie mir, aber schnell!“

Der Polizeilada fährt mit Blaulicht vor uns und Papa tritt aufs Gas, um ihm zu folgen. Wir sind jetzt alle ganz sprachlos, bis auf Papa: „Familie Hoffmann … hoff man, dass das gut geht.“

In Dresden sind schon sämtliche Straßen abgesperrt. Hier wollte Papa eigentlich entwischen, was nun aber völlig unmöglich geworden ist. Passanten mit schwarz-rot-goldenen Fahnen winken uns emsig zu. Auf einem der Transparente steht geschrieben: „Die Hoffnung kommt mit Hoffmann!" Juliane winkt zurück und das Volk tobt.

Vor der Stadthalle bremst der Polizeiwagen und Papa hinter ihm. Fotografen und Journalisten reißen die Türen des BMW auf. Wir werden Tausende Male abgelichtet und mit Fragen bombardiert. Das tobende Volk wird von einer Polizeikette zurückgehalten. Alle rufen: „Hoffmann, Hoffmann, hilf uns!"

Ein großer dicker Typ im Anzug, an dem noch die kleinen Löcher vom ehemaligen Parteiabzeichen zu sehen sind, begrüßt Papa mit einem Handschlag und zerrt ihn aus dem Auto. Noch ehe Papa etwas sagen kann, haut ihm der Dicke auf die Schulter: „Willkommen in Dresden! Wir müssen da hinein."

Mama, Juliane und ich folgen Papa mit dem Dicken. Plötzlich wird Papa richtig böse. Er hat ein Ei direkt auf die Stirn geschossen bekommen. Aus der Menge ruft jemand: „Verpiss dich, du dummes Wessischwein!" Die Menge pfeift den Eierwerfer aus. Mama, die heute auf die Reiseeier verzichtet hat, wischt das Eigelb von Papas Stirn ab und winkt mit der anderen Hand dem Eierwerfer zu: „Sie haben ja so Recht!"

Durch das Bad in der Menge werden wir in die Stadthalle geführt. Unsere Fluchtgedanken zerplatzen endgültig und so setzen wir uns, im Blitzlichtgewitter, auf die für Familie Hoffmann reservierten Stühle.

Der Dicke hält seine Begrüßungsrede und dankt Papa, sowie der Stadt Lübeck für das Engagement.

Jetzt wird Papa zum Rednerpult gebeten. Er kämpft sich durch die Menge, die nur so staunt: „Was für eine lässige Bekleidung der Herr Aufsichtsratsvorsitzende doch trägt.“ Papa versteckt seine mit Öl beschmutzten Hände in der Hosentasche.

Papa steht Hilfe suchend am Rednerpult und tausende Menschen wollen ihn hören. Er sagt erst einmal: „Guten Tag, liebe Genossinnen und Genossen.“ Ein zögerliches Lachen geht durch den Saal. Der Dicke lacht am lautesten: „Er hat sich mit unserer Vergangenheit vertraut gemacht, ha, ha, ha, ha, ha! Schöner Scherz.“

Papa biegt das Mikrofon zur Seite und fragt: „Wo ist meine Rede?“ Keiner lacht mehr im Saal. Der Dicke geht in die Offensive und ruft zu Papa: „Herr Aufsichtsratsvorsitzender, alle hier und draußen im Land warten auf Ihre Zusagen für die Aufbauhilfe Ost und sind gespannt, wie Sie unserer maroden Wirtschaft helfen wollen.“ Papa biegt das Mikrofon wieder zu seinem Mund und spricht: „Ja, 40 Jahre Mistwirtschaft sind genug. Auch wenn ich gern mit oder im Mist arbeite. Jedenfalls ist es genug.“

Papa nimmt einen Schluck aus dem Wasserglas und stellt es angeekelt zurück. Mamas Gesicht hat gerade einen so ähnlichen Ausdruck. Der Dicke ruft wieder dazwischen: „Die Verträge, Herr Aufsichtsratsvorsitzender“

Papa holt aus: „Ich werde alle Verträge unterschreiben. Sie werden mehr D-Mark bekommen, als es Bäume in der DDR gibt. Ich werde persönlich meinen Freund Helmut Kohl darum bitten, die deutsche Einheit so schnell wie möglich herbeizuführen!“

Die Halle tobt. Alle jubeln und trampeln mit den Füßen auf den Boden. Mama liegt vor Scham fast auf dem Boden. Juliane schreit: „Papa, ich liebe dich!“ Papa sagt ins Mikrofon: „Ich dich auch, mein Kind, und ich liebe euch doch alle, alle Menschen. Jetzt brauche ich erst einmal ein Bier.“

Mehrere Saaldiener bringen Papa verschiedene Biere. Papa öffnet ein Bier und das Mikrofon ist noch nicht abgeschaltet: „Endlich mal ein Radeberger." Papa trinkt es mit einem Zug aus und kehrt, unter tobendem Applaus, zu uns zurück.

Es dauert gar nicht lange und wir werden in einen anderen Raum geführt. Dort steht ein prächtiger Tisch, auf dem alle Vertragsformulare bereitliegen.

Nun muss die schlecht gelaunte Mama auch noch als Frau Aufsichtsratsvorsitzende neben Papa Platz nehmen. Beide sitzen etwas bedeppert hinter dem BRD-Wimpel. Der Dicke und seine ebenfalls dicke Frau sitzen hinter dem DDR-Wimpel. Papa und der Dicke unterschreiben alles, was da so herumliegt. Dabei werden sie ununterbrochen fotografiert. Plötzlich wird Papa das Telefon gereicht: „Herr Aufsichtsratsvorsitzender, Ihr Freund." Papa spricht nun mit Helmut Kohl, der zurzeit in Moskau die Möglichkeiten einer deutschen Wiedervereinigung mit Gorbatschow diskutiert. Papa trinkt genüsslich sein zweites Radeberger und sagt: „Hallo, Helmut, beste Stimmung hier in Sachsen. Komm doch mal wieder vorbei und auch nach Faulenrost. Da wollen dich auch alle sehen. Grüß mir den Gorbi. Bis denn." Papa legt das Telefon zur Seite und unterschreibt weiter.

Wir werden in unser Hotelzimmer geführt und sind endlich allein. Wahnsinn! Ein Zimmer wie in einem Schloss.

Juliane betätigt sofort die Fernbedienung und der Farbfernseher geht an.

Papa bedient die Klimaanlage, weil es ihm zu warm ist. Aus dem Kühlschrank nimmt er sich sein drittes Radeberger.

Mama spielt an den Lichtschaltern herum und sorgt für ein gemütliches Licht.

Ich habe Hunger. Ein Zimmermädchen, das meine Pubertät so richtig auflodern lässt, bringt mir den schönsten Imbiss.

Ich komme nicht dazu ihn aufzuessen, denn da steht schon Familie Pelzmantel-Lederschlips in unserem Hotelzimmer.

Papa versucht, dem echten Herrn Hoffmann die Partnerschaft der Stadt Lübeck mit dem Dorf Faulenrost aufzuschwatzen, während Mama und Frau Pelzmantel die Gepäckstücke aus den Autos wieder umladen.

Wir fahren in unserem Trabant weiter Richtung Karl-Marx-Stadt.

In Karl-Marx-Stadt haben wir uns dreimal verfahren, weil Papa die ganze Zeit von seinem entscheidenden Beitrag zur Wende in der DDR sprach.

Endlich sind wir in Oberwiesenthal an unserem FDGB-Erholungsheim angekommen.

Wir werden in unser Vierbettzimmer geführt und sind wieder unter uns. Ein Zimmer, so wie in allen Plattenneubauten der DDR. Es hat die Nummer 639.

Juliane betätigt sofort den Druckknopf am Gerät und der Schwarz-weiß-Fernseher geht an.

Papa schlägt gegen die Heizung, weil es ihm zu kalt ist. Vom Fensterbrett holt er sich sein viertes Bier.

Mama schaltet den Lichtschalter ein und sorgt für gemütliches Neonlicht.

Ich habe Hunger. Die Küchenhilfe, die meine Pubertät nun wirklich nicht vorantreibt, stellt die Kaltverpflegungsbeutel vor unser Zimmer.

Ich komme nicht dazu aufzuessen, denn da ist auch schon ein lautes Getrampel im Heimflur zu hören. Alle rennen in den Speiseraum. Es ist Abendbrotzeit.

In einem riesengroßen Speiseraum nehmen wir an einem Vier-Personen-Sprelacart-Tisch Platz. Der Heimleiter erklärt uns die Ausflugsziele für die nächste Woche. Unter Beifall erzählt er, dass heute in Dresden die Verträge zur Aufbauhilfe Ost unterschrieben wurden. Die FDGB-Urlauber jubeln. Papa grinst und gießt sich sein fünftes Bier in die Teetasse. Ich esse noch eine Jagdwurst-Stulle. Juliane ist verärgert. Sie ist enttäuscht und meint, dass die FDGB-Urlauber so aussähen wie meine Stulle.

Zusammen gehen wir in Zimmer 639. Nachdem Juliane und ich uns endlich geeinigt haben, dass ich im Doppelstockbett oben schlafe, komme ich zur ersehnten Ruhe.

Gute Nacht!

Juliane und die erste freie Wahl, März 1990

Heute freut sich Juliane, denn wir haben den 18. März und da hat sie Geburtstag. Heute wird sie sogar 18 Jahre alt und darf nun auch wählen gehen. Welches Glück Juliane doch hat! Zufälligerweise gibt es heute eine Wahl. Zum ersten Mal in der DDR-Geschichte wird die Volkskammer, also unsere Regierung, frei gewählt. Vorher wurden zwar auch schon so genannte Wahlen abgehalten, aber die haben keinen interessiert. Papa ist dann immer mit seinen Kumpels nach dem Frühschoppen vom Stammlokal ins Wahllokal gegangen und erzählte hinterher immer, dass er den Wahlschein schon gar nicht mehr lesen konnte. Das war ihm egal, denn er musste diesen sowieso nur zusammenfalten und in die Urne werfen. Mehr nicht. Mama wollte das nicht so lächerlich sehen, aber sie hat schließlich auch nichts anderes gemacht. Im übrigen kannte Papa das Wahlergebnis immer schon vorher und war am Abend nur noch gespannt, wie viel Prozent für unsere Partei verwendet wurde. Letztes Jahr hatte er richtig auf 98% getippt und konnte sich beim nächsten Frühschoppen von seinen Kumpels freihalten lassen.

Heute hat Papa andere Sorgen. Nun will er auch ganz echt wählen und weiß noch nicht, welche Partei er wählen soll. Für Mama dagegen steht fest, dass sie die alte Partei wieder wählen will. Hoffentlich denkt sie auch daran ein Kreuz zu machen und faltet nicht, aus Gewohnheit, nur den Zettel.

Juliane will die „Allianz für Deutschland“ wählen, genau wie Oma Martha. Doch im Moment ist Juliane noch ganz mit sich selbst beschäftigt. Seit wir aus Oberwiesenthal zurück sind, überlegt sie ständig, was sie am heutigen großen Tag anziehen wird.

Es klingelt an der Wohnungstür. Oma Martha steht mit einem großen Blumenstrauß in der Tür. Sie erzählt mir, dass sie das erste Mal in ihrem Leben im Zentralclub 1972 war. Dort ist das Wahllokal von Faulenrost eingerichtet. Ich erkläre Oma, dass Juliane noch im Badezimmer zu Gange ist. Oma setzt sich ins Wohnzimmer und erklärt mir, dass mit dem heutigen Tage dem SED-Spuk ein Ende gemacht werden muss.

Es klingelt wieder. Vokuhila steht mit einem großen Blumenstrauß in der Tür. Im Wohnzimmer angekommen bedrängt Oma ihn sofort mit der Frage: „Na, junger Mann, was haben Sie denn heute gewählt?" Vokuhila haut sich in den Sessel und sagt: „Allianz für Deutschland. Ist doch logisch. Ich will auch endlich die D-Mark haben." Oma zieht freudig an Vokuhilas Ohrläppchen: „Na und die Wiedervereinigung?" Vokuhila wirkt verunsichert: „Ja, die auch. Na klar." Oma fällt ihm um den Hals und gibt ihm dicke Küsse auf die Wange.

Im gleichen Moment betritt Juliane das Wohnzimmer und brüllt: „Omaaa!" Juliane hat sich herausgeputzt. Wahnsinn. Ganz lässig nimmt sie ihre Geschenke und Blumen entgegen. Oma besteht darauf, dass Juliane ihr Geschenk zuerst auspackt. Juliane stellt es einfach auf den Tisch, denn gerade kommen Mama und Papa in das Zimmer.

Mama drückt Juliane und stellt fest: „Mensch, 18 Jahre ist es her." Oma erinnert sofort daran, dass sie sich damals um alles gekümmert hat, weil Papa bei der NVA war. Oma fährt Papa an: „Für was hast du dich entschieden?" Papa wird böse: „Ich konnte damals überhaupt nichts entscheiden und somit nichts dafür, dass die mich ausgerechnet in der Zeit eingezogen haben!" Oma will davon nichts wissen. Sie will wissen, für was sich Papa gerade im Wahllokal entschieden hat. Mama verlässt schnell das Zimmer, bevor sie von Oma das Gleiche gefragt wird. Papa rückt das Tischtuch und die Gardinen gerade, was er sonst nie macht. Oma lässt nicht locker. Sie will es von Papa wissen. Papa sagt ganz leise: „Ich hab' eben die DBU gewählt und muss jetzt Mama in der Küche helfen." Schnell verlässt Papa das Wohnzimmer und geht ins Schlafzimmer.

Oma krächzt: „Was hat der gewählt?" Vokuhila erklärt Oma, dass die DBU die „Deutsche Biertrinker Union" sei. Oma guckt ganz ungläubig und meint dann: „Na, wenigstens ... Deutsche ..."

Wieder klingelt es an der Wohnungstür. Ich zucke zusammen. Erscheint jetzt schon Cornelia, die Juliane ebenfalls zu ihrem Geburtstag eingeladen hat? Juliane grinst: „Brüderchen, nun geh schon hin."

Ich öffne die Tür und selbstbewusst geht Herr Lindenblatt an mir vorbei, auf Juliane zu. Mit erhobener, lauter Stimme sagt er: „Fräulein Juliane, auch im Namen unserer Gemeinde, die allerliebsten Segenswünsche an Sie, mein Kind!"

Oma faltet die Hände und himmelt Herrn Lindenblatt an, als ob sie die 18-Jährige wäre. Wie sich doch die Zeiten geändert haben. Früher war es immer unser ABV Hauptmann Loregang, der zu solchen Ereignissen ganz unverhofft hereingeschneit kam und die besten Wünsche übermittelte. Mama hatte dann immer sofort Kaffee für den ABV gekocht. Jetzt will es Oma für den Pfarrer tun und eilt in die Küche.

Dort bekommt Oma mächtigen Ärger mit Mama, weil die Küche eng ist und Oma bei den Geburtstags-Essen-Vorbereitungen stört.

Oma fährt sofort schwere Geschütze auf und brüllt Mama an: „Wenn du nicht die alten Genossen wieder wählen würdest, hättest du schon längst eine größere Küche!" Sieg für Oma.

Mama rennt wütend aus der Küche und Oma kann in aller Ruhe den Kaffee für Herrn Lindenblatt kochen. Im Flur flucht Mama: „Herrgott noch Mal!"

Mama betritt das Wohnzimmer und lächelt künstlich: „Ach, Entschuldigung. Sie hier, Herr Lindenblatt?"

Noch ehe eine verkrampfte Unterhaltung zustande kommen kann, brüllt Oma aus der Küche: „Die Schnitzel brennen an! Wie oft hab ich dir gesagt, du sollst das Gas kleiner drehen!" Mama ruft zurück: „Mutti, würdest du es bitte machen!" Oma ist schon im Flur: „Keine Zeit! Ich muss dem Herrn Pfarrer den Kaffee bringen."

Es klingelt wieder an der Wohnungstür. Oma schreit: „Jetzt nicht!"

Schnell renne ich zur Wohnungstür und Mama in die Küche. Es ist Nolle. Er wundert sich, dass ich noch nicht zu ihm gekommen bin. Ich erkläre ihm, dass heute der Geburtstag meiner Schwester ist. Da kommt sie auch schon und Nolle starrt sie begeistert an. Juliane bittet Nolle, ihr Gast zu sein und bringt ihn ins Wohnzimmer. Vokuhila schaut nun etwas angesäuert. Oma Martha will sofort wissen, was Nolle gewählt hat. Nolle erklärt ihr, dass er noch nicht wählen darf und fragt mich leise, was meine Oma wählt. Ich flüstere es ihm zu. Nolle sagt zu Oma: „Aber wenn ich wählen dürfte, würde ich ‚Allianz für Deutschland' wählen." Oma pustet ihm ein Küsschen zu. Der Nolle versteht es auch immer wieder, sich bei den entscheidenden Leuten beliebt zu machen. Aber auch Juliane und Herr Lindenblatt schauen ihn wohlwollend an.

Wenn ich Nolle mitzähle, dann sind schon allein in diesem Zimmer fünf Leute, die Allianz gewählt haben, wählen werden oder wählen würden. Eine Stimme für die alte Partei befindet sich in der Küche und eine Stimme DBU im Schlafzimmer. Dieses Mal weiß ich, wie die Wahl ausgehen wird.

Endlich kommt Cornelia und ich erkläre ihr gleich, dass ich das Wahlergebnis schon kenne. Sie besteht darauf, mich erst einmal zu drücken und meint, dass diese Zeiten ja wohl vorbei sind. Ich möchte, wie einst Papa, mit dem richtigen Riecher etwas gewinnen und frage Cornelia, was ich bekomme, wenn ich am Ende richtig liege. Inzwischen ist Juliane zu uns gekommen. Cornelia verspricht mir, wir würden unser erstes „blaues Wunder“ erleben, wenn ich erst richtig liegen würde. Juliane lacht laut: „Na, dann mach dich mal bereit, Paul!“ Ich bin verstört. Bestimmt meint Juliane etwas ganz anderes als Cornelia. Die beiden Mädchen gehen kichernd in das Wohnzimmer.

Bald geht Juliane im Zentralclub 1972 wählen.

Bis zum Abend laufe ich kopflos durch unsere Neubauwohnung. Was werde ich nach meinem richtigen Tipp erleben? Das „Blaue Wunder“ ist eigentlich die Brücke, an der wir letzten Monat in Dresden vorbeigefahren sind. Wenn aber Cornelia damit gemeint haben könnte, worüber Juliane so lachte – oh, nein. Ich bin noch nicht so weit. Nolle muss mir erst noch erklären, wie ich es am besten ... oder meinte es Cornelia doch eher politisch? Dann hätte ja Mama Recht. Mir wird so oder so ganz bange. Ich will gar nicht mehr richtig liegen.

Die Stunde der Wahrheit ist gekommen. Papa schaltet den Fernseher ein und stellt ihn, wegen Oma Martha, etwas lauter.

Oma Martha gießt Juliane und sich schnell ein Glas Rotwein ein. Papa öffnet für Vokuhila, Nolle und sich die Biere. Mama schenkt Herrn Lindenblatt und sich Kaffee nach. Cornelia und ich teilen uns die letzte Cola. Die erste Hochrechnung soll gleich auf dem Bildschirm erscheinen. Hoffentlich gewinnt nicht die Allianz. Dann lieber Mamas alte Genossen oder von mir aus sollen Papas Biertrinker die DDR regieren und dann gibt es ja noch mehrere Parteien, die hier im Wohnzimmer gar nicht vertreten sind.

Es ist passiert! Die DDR-Bürger haben sich mehrheitlich für das „blaue Wunder“ entschieden. Die Vertreter der „Allianz für Deutschland" in unserem Wohnzimmer jubeln lautstark. Oma Martha rennt zum Fenster und öffnet es. Mama setzt sich endlich einmal durch und knallt es vor ihrer Nase zu: „Aus diesem Fenster wird nicht das Deutschlandlied gesungen!"

Juliane sagt: „Dieses Wahlergebnis ist das schönste Geburtstagsgeschenk." Oma sieht das zwar genauso, trotzdem ist sie beleidigt, weil Juliane das Geburtstagsgeschenk von Oma noch nicht einmal ausgepackt hat.

Cornelia sagt zu mir: „Mensch, Paul, du bist ja ein richtiges Genie. Nun bin ich gespannt, wie du das demnächst so hinbekommst." Juliane lacht wieder. Ich kriege die Panik. Die Allianz-Vertreter erheben ihre Getränke: „Das bekommen wir demnächst alles schon hin! Auf Deutschland!"

Mama ist die große Verliererin des Tages und beginnt aufzuräumen. Nach und nach verabschieden sich die Gäste.

Mama und Papa sitzen auf dem Sofa und diskutieren ihre Zukunftsängste. Ich kann das nicht mit anhören. Schließlich habe ich den größten Bammel vor dem, was da jetzt auf mich zukommen könnte.

Ich gehe in mein Zimmer und begebe mich in eine schlaflose Nacht.

Gute Nacht!

Herr Hüttenheber und der Aufschwung Ost, April 1990

Heute habe ich meinen 16. Geburtstag. Nolle holt mich mit seiner Simson ab und wir fahren zum LPG-Gelände. Dort findet ein großes Fest statt. Von weitem erkenne ich schon ein kleines Riesenrad und ein Karussell. Bunte Narva-Lichterketten schmücken das LPG-Gelände.

Nolle stellt die Simson vor dem Rinderstall ab. Vor dem Schweinestall ist eine Bühne aufgebaut. Hier soll noch eine Band auftreten.

Mama kommt mir mit ihren Frauen von der Kantinenbrigade entgegen. Ihre Kolleginnen umarmen mich und wünschen mir einen schönen Geburtstag. Dann verteilen sich die Damen wieder an ihre Bockwurst- und Bratwurststände.

Juliane kommt zu mir und sieht heute wieder toll aus. Wahnsinn. Juliane reicht mir einen Pappbecher, gefüllt mit Bier: „Brüderchen, ab jetzt darfst du Bier trinken. Auf deinen Geburtstag! Nun lassen wir mal richtig die Sau raus!" Ich reiche den Pappbecher an Nolle weiter und aus dem Schweinestall wird tatsächlich die Sau rausgelassen. Der überdimensional dicke LPG-Vorsitzende betritt die Bühne. Er begrüßt die versammelten Menschen und bedankt sich, dass ganz Faulenrost zu diesem Fest gekommen ist. Er erklärt, dass der große Helfer aus Hannover sich schon auf dem Gebiet der DDR befände und gleich hier eintreffen wird. Alle sollen ihn dann jubelnd empfangen und das „Danke-Fest" an den Herrn aus Hannover wird dann erst richtig losgehen. Papa hat mir erklärt, dass dieser Helfer auch so eine Art Herr Hoffmann ist, der uns viele moderne landwirtschaftliche Maschinen aus dem Westen schenken wird und so aktive Hilfe für den „Aufschwung Ost" leisten will. Deshalb stehen hier auch Kamerateams aus dem Westen bereit. Jeder soll sich dann von der Großzügigkeit und Selbstlosigkeit des Herrn aus Hannover vor dem Bildschirm beeindrucken lassen.

Apropos Papa. Papa wollte mir noch Geld für das „Danke-Fest" zusätzlich zum Geburtstag schenken.

Ich suche Papa. Juliane weiß, wo er steht, und so laufe ich zum Bierstand.

Ich habe Glück, dass er schon so lange dort steht, denn nun schenkt er mir gleich fünfzig Mark. Die Cola, die ich mir bestelle, brauche ich auch nicht zu bezahlen. Papa lässt sie gleich auf seinen mit Strichen gefüllten Zettel schreiben.

Nolle und ich schlendern zur Schießbude. Nolle will schießen. Ich lieber nicht. Na ja, in Nolles Gegenwart kann ich nicht richtig dagegen sein und wir schießen beide. Nolle trifft fast alles und ich nichts. Zum Geburtstag schenkt er mir seine Preise. Ich stopfe Leipziger-Messe-Männchen, Berliner-Plaste-Fernsehtürme in meine Jacke und den Plaste-Stilkamm in meine Hosentasche am Hintern, so wie Nolle oder Vokuhila diesen auch an sich tragen.

Es ist soweit! Ganz Faulenrost stürmt zum Eingangsbereich der LPG.

Ein Mercedes LKW kommt angefahren und bringt die neuen Maschinen. Ihm folgen vier nagelneue Westtraktoren. Die Menge tobt. Aus den Lautsprecherboxen ertönt das Deutschlandlied, gesungen von einer mir sehr bekannten Stimme. Ich drehe mich zur Bühne und da steht freudig Oma Martha vor dem Mikrofon.

Vor dem Getreidesilo kommt der ersehnte Transport zum Stehen. Viele Faulenroster rennen zu den Traktoren und streicheln diese liebevoll. Die Fahrer springen ab und werden von der dicken Sau zur Bühne geführt. Oma Martha wird von der

Bühne heruntergeführt. Der große Helfer höchstpersönlich steigt aus dem LKW und betritt unter tobendem Applaus die Bühne.

Er brüllt in das Mikrofon: „Liebe Schwestern und Brüder in der Zone!" Aus dem Schweinestall quieken oder grunzen lautstark die Ferkel und Schweine. Die Menge versucht, sie mit ihrem Jubel zu übertönen. Der Herr stellt sich als „Herr Liebezeit" aus Hannover vor und sagt weiter: „Wir stehen hier vor dem größten Schweinestall aller Zeiten, der in 40 Jahren angerichtet wurde!" Die Menge wird ruhiger. Unser Schweinestall ist sehr viel kleiner als der in Rottmannshagen oder der in Zettemin und außerdem gibt es ihn erst seit acht Jahren.

Herr Liebezeit brüllt in das Mikrofon: „Euer Wahlergebnis steht für neue Hoffnung! Jetzt geht es allen roten Säuen richtig an den Kragen!" Die Menge ist inzwischen so ruhig geworden, dass nur noch die verängstigten Säue aus dem Stall zu hören sind. Herr Liebezeit lächelt: „Bevor ich euch meine teuren Gaben überlasse, möchte ich, dass ihr mir vorführt, mit welchem sozialistischen und russischen Schrott ihr euch 40 Jahre herumärgern musstet!"

Die ersten verhaltenen Buh-Rufe sind zu vernehmen. Doch Herr Liebezeit fährt unbeeindruckt fort: „Während ich mir eure Faustkeile anschaue, könnte doch die nette Dame wieder das Deutschlandlied singen." Doch Oma will nicht mehr. Das war selbst für sie zu viel. Herr Liebezeit bettelt darum. Doch, wenn Oma etwas nicht will, dann hilft auch das größte Betteln nicht.

Also geht Herr Liebezeit ohne das Deutschlandlied von der Bühne und will nun unsere LPG begutachten. Eine Neubrandenburger NVA-Kapelle, heute im schicken Zivil, spielt nun Marschmusik. Die Menge steht verunsichert herum. Nolle versucht wieder einmal, alles zu retten. Nur dieses Mal auf meine Kosten. Er ruft: „Auf Paule! Unser Geburtstagskind!" Jetzt jubeln alle mir zu. Sie bilden einen Kreis um mich herum und singen ein Geburtstagsständchen. Ich werde ganz rot. Herr Liebezeit kommt auf mich zu und spricht mich an: „Die Zeiten, in denen du rot werden musstest, hast du doch schon gut überstanden. Zeige du mir doch einmal eure sozialistische Manufaktur." Ich bitte darum, Papa zu Hilfe holen zu dürfen, weil er sich doch hier auskennt. Herr Liebezeit lächelt laut: „Na, wo ist denn der LPG-Leibeigene?"

Wütend schüttet Papa sein Bier in den Schlamm und erscheint.

Er reißt das Hallentor vom Rinderstall auf und erklärt Herrn Liebezeit, dass diese Rinder viel zu viel Milch produzieren und das Dank der modernen Technik. Herr Liebezeit traut seinen Augen nicht und will das Licht einschalten. Papa hält energisch seine Hand vor dem Lichtschalter fest: „Halt! Sie könnten sich einen Stromschlag holen! Wir haben hier auch Strom."

Herr Liebezeit verlässt beleidigt den Stall. Wir gehen zur Kartoffelerntemaschine.

Papa erzählt, so wie es früher unsere Zeitung „Neues Deutschland" geschrieben hat, dass wir mit dieser Maschine stets die Ernte mit 130 Prozent Planübererfüllung schaffen.

Die 140 Prozent Planübererfüllung schaffenden Mähdrescher, will Herr Liebezeit gar nicht mehr sehen.

Papa besteht darauf, noch seinen Traktor vorzuführen. Herr Liebezeit sagt leise zu einem seiner Westtraktorfahrer: „Das Ding da wird doch nicht etwa fahren."

Papa startet den Traktor und fährt, wie eine Modelleisenbahn, im Kreis herum. Vom Traktor ruft er: „Damit waren wir sogar schon in Hamburg!"

Herr Liebezeit fängt an zu kochen und ist jetzt sehr rot im Gesicht. Wie war das doch gleich mit den roten Zeiten?

Die NVA-Kapelle spielt nicht mehr. Dafür stehen einige angetrunkene Bauern auf der Bühne und singen: „Auferstanden aus Ruinen und der Zukunft zugewandt ..."

Herr Liebezeit stampft wie Rumpelstilzchen in den Schlamm und befielt seinen Leuten auf den Westtraktoren aufzusitzen. Er selbst schwingt sich in den Mercedes LKW. Mama steht nun neben mir und sagt: „Ach du liebe Zeit."

Der Konvoi verlässt unser LPG-Gelände wieder. Die Bauern rufen ihm von der Bühne noch nach: „Njet mit Druschba! Doswidania!" Von den West-Kamerateams hört man nur noch: „Schnitt! Schnitt!!"

Eine düstere Gestalt, die schon seit Wochen nicht mehr das Faulenroster Tageslicht erblickt hat, tritt plötzlich auf die Bühne. Es ist Herr Hüttenheber und er spricht: „Nun seht endlich, dass ihr ins Unglück – vereinigtes Deutschland – direkt hineinsteuert." Papa, noch vom Bierstand aufgetankt, steuert mit seinem Traktor direkt auf die Bühne zu und rammt sie frontal. Herr Hüttenheber fällt zu Boden. Herr Lindenblatt rennt auf die Bühne, ebenfalls an das Mikrofon, und will wohl noch seine Festpredigt halten. Im Liegen greift Herr Hüttenheber nach Herrn Lindenblatts Fußgelenken und reißt nun auch ihn zu Boden. Während Herr Lindenblatt fällt, schreit er: „Keine Gewalt!"

Herr Hüttenheber packt ihn und es sieht aus, als ob er ihn erwürgen will. Herr Lindenblatt sagt, vielleicht in seinen letzten Atemzügen: „Ich bleibe dabei, was die Allianz sagt: Niemandem wird es schlechter gehen als vorher, aber vielen wird es besser gehen." Herrn Lindenblatt geht es jetzt auf jeden Fall schlechter als vorher. Vor Wut schlägt ihn Herr Hüttenheber mit der Faust ins Gesicht.

Jetzt wird die Bühne von vielen Bauern gestürmt. Die einen wollen schon seit Jahren Herrn Hüttenheber die Fresse polieren und sehen nun ihre große Chance. Den anderen geht es seit einiger Zeit nicht besser als vorher und sie stürzen sich auf Herrn Lindenblatt. Der aber reißt Herrn Hüttenheber und sich selbst von der Bühne, mit den Worten: „Das klären wir lieber im Pfarrhaus." So gehen die meinungsverschiedenen Bauern gegenseitig auf einander los.

Nolle und Vokuhila haben die Luftgewehre vom Schießstand geholt und ballern in die Menge. Immer mehr Faulenroster greifen nun erregt in die Massenschlägerei ein.

Hauptmann Loregang stellt sich als Einzelkämpfer zwischen die Fronten und bittet um ein bisschen Frieden. Als ihm seine Volkspolizeimütze vom Kopf gerissen wird, betätigt er sein graues Duoplaste Fernsprechgerät und bittet um Verstärkung.

Mama bittet mich unter Tränen, sie nach Hause zu begleiten.

Wir beide laufen den Beton-Plattenweg entlang. Mama weint: „Alle sprechen doch von der friedlichen Revolution in der DDR. Von wegen!" Ich versichere Mama, dass Faulenrost da die große Ausnahme sei. Auf dem Beton-Plattenweg kommen uns viele Polizeiwagen entgegen. Ich drehe mich um und schaue ihnen nach. Die Narva-Lichterkette auf dem LPG-Gelände blitzt und geht aus. Das Riesenrad fällt langsam um. Unter den Lärm der immer lauter quiekenden Schweine mischt sich das Sirenengeheule der Polizeiwagen. Die letzten Schüsse von Nolle und Vokuhila verhallen.

In unserer Neubauwohnung angekommen, esse ich noch die letzten Stücke von meiner Geburtstagstorte auf. Währenddessen steht Mama besorgt am Küchenfenster und wartet auf Papa und Juliane. Deshalb koche ich für Mama noch einen Beruhigungstee.

Blaulicht flackert durch unsere Küche. Ich gehe zu Mama am Küchenfenster. Hauptmann Loregang entlässt Papa und Juliane aus dem Polizeilada. Papas Auge ist noch blauer als das Blaulicht und die sonst so schmucke Juliane ist so zerzaust wie Hauptmann Loregangs Gesichtsausdruck.

Ich gehe in mein Zimmer und mache das Radio an. Immer noch höre ich „DT64". Auch wenn mir auf diesem Sender so ziemlich alle DDR-Orte ein Begriff sind, höre ich dort erstmalig etwas über Faulenrost. Auch auf Nolles Lieblingssender „NDR2" sprechen sie über uns: „Die ewig Gestrigen dort." Ich schalte wieder auf „DT64" zurück und genau im richtigen Moment. Cornelia richtet mir über den Sender die allerliebsten Geburtstagsglückwünsche aus. Ich bin so glücklich. Was für ein schöner Geburtstag!

Während von den Puhdys „Geh zu ihr und lass deinen Drachen steigen" gespielt wird, gehe ich ins Bett.

Gute Nacht!

Fannie und die Ost-Westannäherung, Mai 1990

Ich renne mit meinem voll gepackten Rucksack zu Nolle. Es ist noch zu schaffen! Gleich werde ich Nolles neue und dieses Mal ganz große Liebe kennen lernen. Es soll sich mal nicht um ein Lehrmädchen der LPG handeln, sondern um eine aus der Kirche. Nolle erzählte mir, dass er sie gleich kennen gelernt hat, als er einmal neugierig bei der „Jungen Gemeinde“ hereingeschaut hat. So ist nur Nolle.

Geschafft! Frau Nollenburg bringt mich in Nolles Zimmer. Der wirft schnell seine Kippe aus dem Fenster. Er stellt mir Marina vor. Marina sagt gleich, dass ich das „N“ in ihrem Namen doch weglassen soll. Gut gelaunt frage ich Nolle, ob ich ihn denn ab heute „Josef“ nennen soll. Maria schaut mich ganz böse an, ich bin wohl schon in das erste Fettnäpfchen getreten. Nolle ist tatsächlich ein perfekter Freund. Er lacht über meine Bemerkung und stellt mich als seinen allerbesten Kumpel vor.

Draußen hupt auch schon Herr Lindenblatt im Gemeinde-Barkas.

Der Kleinbus ist eine Neuanschaffung von unserer Kirche und in diesen steigen Nolle, Maria und ich ein. Als Nolle mich vorgestern fragte, ob ich zur Wochenend-Rüstzeit der „Jungen Gemeinde“ mitfahre, habe ich sofort nein gesagt. Dieses Mal wollte ich ihm den Gefallen wirklich nicht tun. Na ja, Nolle wollte mich so gerne dabeihaben … und so fahren wir nach Stralsund ins dortige Pfarrhaus.

Ich schaue mir erst einmal die anderen „Junge Gemeinde“-Mitglieder im Barkas an. Es sind noch zwei Typen und noch zwei Mädels. Die Jungs haben dicke gestrickte Rollkragenpullover an und das im Mai! Außerdem haben sie lange offene Haare. Allerdings nicht so schicke wie Vokuhila, sondern eher wie ihr Idol Jesus. Die Mädels haben komisch gefärbte Kleider an. Die haben es auf jeden Fall gemerkt, dass wir schon Mai haben. Trotzdem, so einen Sack würde Juliane niemals anziehen! Dann haben drei von den vieren die gleiche Brille auf. So eine wie John Lennon sie auf einem der vielen Poster an Nolles Wand trägt.

Alle vier lächeln mich an. Ich muss wohl endlich mal was sagen und sage: „Gott hat euch lieb." So wie die nun gucken, bin ich wohl in das zweite Fettnäpfchen getreten. Schnell kann ich das Missgeschick wieder gutmachen. Ich darf ihnen die Gitarren, die hinter der Rückbank liegen, vorreichen.

Den Rest der Fahrt hauen die Guten in die Saiten und singen. Einer von ihnen brüllt auch mehr oder weniger dazu. Jedenfalls wird alles gebracht, was das Liedgut der „Jungen Gemeinde", Bob Dylan und Neil Young so hergeben.

Wir sind in Stralsund angekommen und gehen ins Pfarrhaus.

Wir werden der „Junge Gemeinde"-Gruppe aus Bremen vorgestellt, die dort schon auf uns gewartet hat. Die sehen wenigstens ganz normal aus. Nolle spricht gleich einen von denen an und fragt, ob er ihm Ostmark in D-Mark zum günstigeren Kurs von 1:5 tauschen kann. Normalerweise müssen wir sechs Ostmark für eine D-Mark hinblättern. Auch dieser Christ kann bei Nolle nicht Nein sagen und holt die Westkohle heraus.

Wir müssen uns im Gemeindesaal alle im Kreis setzen. Herr Lindenblatt verkündet die eigens ausgegebene Losung für das Wochenende: „Brücken bauen, wo noch keine sind." Solche Texte hängen mir in letzter Zeit schon langsam zum Halse raus. Damit sind doch wieder Brücken zwischen uns Ossis und den Bremer Wessis gemeint.

Jetzt soll sich jeder kurz mit seinem rechten Nachbarn verständigen und diesen dann im nächsten Punkt der Tagesordnung vorstellen. Neben mir sitzt ein niedliches, etwas dickliches Bremer Mädchen.

Bald werde ich von meiner linken Nachbarin, es ist Maria, vorgestellt: „Rechts neben mir sitzt der Paul und er ist Schüler der Ernst-Thälmann-Oberschule."

Ich stelle meine Bremer Nachbarin vor: „Christiane, Schülerin der Konrad-Adenauer-EOS." Die Erweiterte Oberschule führt bei uns zum Abitur. Christiane will das Abitur machen. Alle lachen. Mein drittes Fettnäpfchen? Christiane sagt: „Konrad-Adenauer-Gymnasium." Christiane erklärt noch kurz ihren Spitznamen „Fannie", weil sie so gern Pfannkuchen[6] isst, und zwar jene, die ihr Vater immer von Dienstreisen aus der DDR mitbringt.

Nach der Vorstellungsrunde bringt Herr Lindenblatt Pfannkuchen in den Saal. Die Bremer stürzen sich auf die Pfannkuchen und wir uns auf die von ihnen mitgebrachten Duplos, Ferrero Küsschen und Haribos.

Wir alle machen einen Spaziergang durch Stralsund. Viele verfallene Häuser sind zu sehen und Herr Lindenblatt erklärt: „Was der Zweite Weltkrieg nicht geschafft hat, haben vierzig Jahre Sozialismus geschafft."

Herr Lindenblatt gibt nun unsere Tagesaufgabe bekannt. Wir sollen in Zweiergruppen in Stralsund „missionarisch" tätig werden. Sofort renne ich zu Nolle, doch er schiebt mich wieder weg, weil er die Aufgabe mit Maria erledigen will. Unsere Rollkragen-Jungs schnappen sich jeder eins von unseren Batikkleider-Mädchen. Wäre ich doch bloß nicht mitgefahren. Jetzt stehe ich hier völlig bescheuert allein herum, bis ich Fannies Stimme vernehme: „Ey, Ernst Thälmann, wie wäre es mit uns?" Ich schaue zu Herrn Lindenblatt und er nickt mir

[6] Krapfen oder Berliner wurden in der DDR Pfannkuchen genannt.

wohlwollend zu. Na logisch, so wollte er es bestimmt haben. Ossis und Wessis gemeinsam und nur ich erfülle ihm nun diesen Wunsch.

Die Zweiergruppen, streng geteilt nach Ost und West, bis auf uns, gehen nun in die verschiedenen Richtungen. Nolle und Maria wollen erst einmal ihr Glück im Gasthof „Zum ollen Stralsunner“ versuchen.

Fannie hat auch schon eine Idee und so gehen wir in die Konditorei beim Hafen. Wir setzen uns an einen Tisch. Fannie bestellt sich drei Pfannkuchen und ich mir ein Salami-Brötchen sowie Cola für uns zwei.

Die Bäckerin bringt uns Pfannkuchen, Cola und ein Jagdwurst-Brötchen mit der Bemerkung: „Salami haben wir ausgerechnet heute nicht. Beeilt euch. Gleich kommen die Fischer zurück und die brauchen eure Plätze. Das macht genau eine Mark und fünfzig.“ Fannie gibt ein 2-DM-Stück und schaut etwas verängstigt. Die Bäckerin ist auf einmal ganz freudig: „Lasst euch ruhig Zeit. Die Fischer können auch bei mir am Ladentisch stehen.“

Fannie isst vergnügt und ich knabbere an dem Jagdwurst-Brötchen.

Wieder weiß ich nicht, was ich sagen soll. Doch ich habe Glück. Fannie erzählt ununterbrochen, mit vollem Mund, wie beeindruckend sie unseren Heldenmut in der Wendezeit findet.

Wir verlassen die Konditorei und laufen wieder an so einigen Ruinen von Stralsund vorbei. Fannie sagt, dass sie das gruselig findet und hakt sich bei mir ein. Mein Herz pocht. Zum Glück kann uns Cornelia nicht sehen. Aber vor einem „blauen Wunder“ brauche ich doch keine Angst zu haben. Nolle meint immer, dass die Westmädchen nicht so flink sind wie die unseren.

Fannie erzählt ununterbrochen. Nun davon, dass ihre Landsleute teilweise gar nicht so begeistert sind bei dem Gedanken an die Wiedervereinigung, weil sie das Geld kosten könnte. Ich muss zugeben, dass ich kaum noch richtig zuhöre, bis ihr Satz fällt: „Sag mal, Paul, hast du nicht Angst, du könntest dann dein blaues Wunder erleben?“ Ich zucke zusammen und reiße mich von Fannie los. Doch schnell bitte ich sie, sich doch wieder bei mir einzuhaken. Herr Lindenblatt sitzt im Barkas auf der andern Straßenseite, um unsere „Missionierung“ Stralsunds zu beobachten. Ich möchte ihm die hervorragende Geschlossenheit zwischen Ost und West demonstrieren. Wie ein Liebespärchen schlendern wir am Barkas vorbei und Herr Lindenblatt schaut uns durch den Rückspiegel nach, so wie es früher immer unsere Volkspolizei getan hat.

Bald sind Fannie und ich an der Stralsunder Mauer angekommen. Hier scheint ein ganzer Stadtteil eingemauert zu sein, wie einst Westberlin oder unsere DDR. Je nachdem, wie man es nimmt. Fannie möchte wissen, was sich hinter der Mauer befindet. Ich weiß es doch auch nicht. Sie beschließt einen illegalen Grenzübertritt.

Wir schieben zwei von den runden Mülltonnen, die hier auf der Straße vor den Häusern stehen, zur „Grenze“ und steigen auf die Mauer. Fannie sagt dabei, dass sie nun endlich einmal spüren würde, wie es uns DDR-Bürgern gegangen ist, wenn wir in den Westen flüchten wollten. Oben auf der Mauer angekommen, erkläre ich ihr, dass ich das nie vorhatte und dieses Kapitel ein ganz düsteres in der DDR-Geschichte sei, weil dabei auf Menschen geschossen wurde. Fannie weiß das alles und springt dennoch mutig ins Unbekannte.

Ich schaue mich erst einmal von hier oben um. Lauter verfallene Häuser. Einfach eingemauert. Fannie läuft über die Trümmer und ruft mir von unten zu: „So schöne alte Häuser!

Bei uns hätten sie die nicht so verfallen lassen! Dafür aber in den schönsten Bonbonfarben angestrichen, mit Werbung darauf, sodass sie auch wieder beschissen aussehen würden! Was ist los, Paul?“ Gut, ich werde auch springen. Die Stelle von Fannie war gut. Ihr ist nichts passiert. Wenn ich mich auf die Mauer setze, verkürzt sich mein Flug um einen Meter. Doch es ist immer noch so tief. Ich traue mich einfach nicht.

Doch was sehe ich da! In einer der eingemauerten Ruinen brennt ja noch Licht!

Fannie wird ungeduldig: „Wo bleibst du nur, Paul?“

„Ich habe etwas entdeckt“, sage ich. Fannie fragt: „Deshalb kommst du nicht?“

„Ja, ja, genau deshalb“, antworte ich. Fannie hat das Licht schon längst erblickt und geht in das Haus hinein. Alles oder nichts! Ich springe nach unten.

Ich stolpere über Schrott und gehe auch in das Haus. Ich gehe die knarrenden Treppen hoch. Ganz schön gruselig, Fannie scheint doch eine sehr mutige Fannie zu sein. Sie sitzt bei einer alten Frau in der Wohnstube. Die alte Frau begrüßt mich: „Sie haben aber eine nette Freundin.“ Ich setze mich zu Fannie auf das muffig riechende alte Sofa. Die alte Frau erzählt, dass sie einmal eine Fischerin war und ihr schönes altes Haus nie verlassen wollte. Dann hätte sie auch vor die Stadt in so einen ollen Neubau-Plattenwohnblock ziehen müssen. Fannie sagt: „Oh, das ist ja grausam.“ Ich schlucke. Fannie kennt zum Glück nicht unseren Wohnblock in Faulenrost.

Im alten Uhrschrank schlägt es zur vollen Stunde. Wir müssen bald wieder im Pfarrhaus sein und von unseren Erfolgen berichten! Die alte Fischerin lässt uns aber nicht so einfach gehen. Sie stellt selbst gebackenen Pflaumenkuchen auf den Tisch. Fannie ist ganz wild darauf. Mir wird eher schlecht …

Fannie interessiert sich nun auch noch für die vielen alten Schwarz-Weiß-Fotos auf der Kommode. Herr Lindenblatt wird bestimmt sauer sein, wenn wir zu spät kommen und nichts Erzählbares vorweisen können. Die Fischerin zeigt das alte Foto von ihrem Mann und erzählt ganz stolz von seinen Kämpfen im Zweiten Weltkrieg. Nun zeigt sie uns das Eiserne Kreuz, das er dafür bekommen hat. Fannie dreht es in ihren Fingern hin und her. Mir wird bei diesem Anblick ganz bange. Aber nicht wegen der dicklichen Finger von Fannie, sondern wegen des Eisernen Kreuzes. Mit so etwas muss ich erst noch umgehen lernen. Das ist bei uns doch verboten! Die Fischerin liest aus dem dazugehörigen Brief vor und Fannie hört gespannt zu. Bloß gut, dass mich Herr Kleinschmidt hier nicht sieht, obwohl das doch auch zu unserer Geschichte zählt. Ich möchte mich daran gewöhnen, auch Oma Martha zuliebe. Doch zuerst möchte ich hier weg.

Fannie hat den Pflaumenkuchen aufgegessen. Wir können gehen.

Die Fischerin bringt uns aus dem Haus. Sie will noch einkaufen gehen. Nun werde ich ihr aber genau zusehen, wie sie über die Mauer steigt und dann schaffe ich es hoffentlich auch zurück.

Doch sie geht mit uns in die andere Richtung. Ich habe Glück. Hier ist schon ein Teil der Mauer verfallen. Dennoch müssen wir drei klettern. Über die auf dem Boden verlaufenden Fernheizungsrohre zum verhassten Neubauviertel vor der Stadt. Fannie hilft der alten Fischerin beim Überklettern der großen Rohre. Dabei fallen der alten Frau zwei oder drei leere Pfandmilchflaschen aus dem Einkaufsnetz und gehen zu Bruch. Die Fischerin lächelt: „Diesen Schwund plane ich schon immer bei meiner armseligen Rente mit ein." Fannie will wissen, wie viel Rente die Fischerin bekommt. Mit Schrecken stellt sie fest, dass ihre Oma in Bremen das Zehnfache bekommt. Fannie besteht darauf, der Fischerin zu helfen, sodass nie wieder eine Pfandmilchflasche zu Bruch geht. Ich kann mir erklären, warum es hier so sehr nach saurer Milch stinkt, genau wie in unserer Schule.

Ich folge Fannies Anweisungen und hole viele alte, lange Bretter aus den Ruinen. Na, es ist eben so. Die Wessis haben immer das Sagen hier bei uns.

Fannie legt die Bretter über die großen Rohre. Nun muss ich alte Ziegelsteine heranschleppen.

Am Ende der Bretter baue ich die gleiche Treppe aus den Ziegelsteinen, wie Fannie sie am anderen Ende baut.

Wir sind fertig. Die Fischerin ist überglücklich. Immer wieder läuft sie unsere Brücke auf und ab. Jedes Mal wenn sie an einer Seite die Ziegel wieder heruntergestiegen ist, schaut sie freudig in ihr Einkaufsnetz und stellt fest, dass keine ihrer Pfandmilchflaschen fehlt.

Die alte Frau fragt, wie sie sich bei uns bedanken kann. Fannie meint: „Mit Pfannkuchen!"

So gehen wir mit der Fischerin in den Stralsunder Konsum. Fannie flüstert mir im Konsum ins Ohr, dass es hier stinkt. Man könnte denken, dass die Fischerin bereits hier ihre erste Milchflasche fallen lässt. Der Geruch erinnert mich auch gleich wieder an unsere Ernst-Thälmann-Oberschule. Die Fischerin kauft vergnügt drei Pfannkuchen, zehn neue Milchflaschen und sagt freudig zur Verkäuferin: „Nächste Woche bringe ich Ihnen alle wieder zurück."

Wir essen die Pfannkuchen vor dem Konsum. Die Marmelade, die bei der alten Frau aus dem Pfannkuchen tropft, leckt ein kleiner Hund von der Straße ab. Fannie sagt mir mit vollem Mund ins Ohr: „Bei uns zu Hause steht auch immer eine alte Frau vor dem Supermarkt und isst so gemeinsam mit ihrem Hund. Meine Geschwister und ich nennen sie die Kadderomi.“ Fannie lacht. Mir ist ganz und gar nicht zum Lachen zumute. Die Uhr vom Kirchturm schlägt zur nächsten vollen Stunde. Schnell verabschieden wir uns von der Kadderomi.

Mit einer satten Verspätung rennen Fannie und ich zum Pfarrhaus zurück.

Im Pfarrhaus angekommen, sitzen alle wieder im Stuhlkreis. Fannie und ich setzen uns auf die zwei leer gebliebenen Stühle. Jetzt kann ich endlich neben Nolle sitzen. Er hat mir den Stuhl bestimmt freigehalten.

Herr Lindenblatt schaut nur mich böse an. Nolle fragt mich im Flüsterton: „Und ist sie gut?“

Ich flüstere zurück: „Die macht Sachen, auf die wäre ich gar nicht gekommen.“ Nolle schaut mich verwundert an. Herr Lindenblatt fragt mich: „Darf ich weitermachen?“ Das wird ja hier wie in der Schule und genauso geht es auch weiter. Herr Lindenblatt kommt zur Leistungskontrolle. Er will von der ersten Zweiergruppe wissen, was sie getan haben und stellt es frei, welche Gruppe zuerst erzählt. Alle schauen irgendwohin. Die einen zum Fenster, die anderen auf den Boden. Nur niemand zu Herrn Lindenblatt. Anders als in der Schule sagt Herr Lindenblatt: „Dann sprechen wir eben erst einmal ein Gebet.“ Alle sprechen leise den Text. Nur Nolle und ich können den Text nicht. Ich sage zu Nolle: „Bloß gut, dass ich nicht auch noch zur Kirche gehen muss. Dann müsste ich ja noch mehr lernen. Vielleicht bekommen die da auch noch Zeugnisse, dann hätte ich ja mehr als zweimal im Jahr den Ärger.“

Das Gebet ist zu Ende und Herr Lindenblatt fährt mich richtig böse an: „Paul, wenn du unbedingt stören willst ...“ Ich sage: „Ja, ja, dann gehe aus dem Klassenzimmer ... das kenne ich schon.“ Die Wessis lachen. Die Ossis verkneifen es sich. Herr Lindenblatt verkündet, dass wir eine kurze Pause machen. Eine Klingel scheint es im Pfarrhaus nicht zu geben. Ich ahne Schreckliches. Herr Lindenblatt wird mich jetzt zur Rede stellen wollen. Die Bremer Jungs fangen an zu diskutieren. Das ist meine Rettung. Ich werde mich dort einmischen. Bestimmt geht es da um Ostprobleme und da kenne ich mich ja besser aus.

Geschützt stehe ich unter ihnen. Sofort fragt mich einer, was ich glaube. Ganz kurz durchzuckt ein Schrecken meinen Körper. Doch dann stellt er die Frage zu Ende. Er will wissen, ob Werder Bremen heute Abend gewinnt oder nicht. Ich sage ganz überzeugt, dass sie gewinnen werden. Nun bin ich hier sicher aufgehoben. Herr Lindenblatt sieht tatsächlich immer ganz böse zu mir rüber.

Die Jungs fragen mich, ob man hier Fußball im Fernsehen sehen könne. Papa schaut sonnabends auch immer Fußball und so sage ich: „Natürlich, die Oberliga kommt, glaube ich, immer so …" „Nein, nein, die interessiert uns nicht", sagt ein Bremer. Zum Glück, mich auch nicht. Er will wissen, ob man hier Westfernsehen bekommt. Ich erkläre ihm, dass in öffentlichen Fernsehern der DDR nur „DDR 1" und „DDR 2" eingestellt ist.

Der Bremer meint: „Auch bei der Kirche und auch in der Wendezeit? Für welche Fußballmannschaft bist du denn?" Das wird mir eindeutig alles zu viel. Doch ich kann hier nicht weg. Herr Lindenblatt steht allein vor der Westkaffeekanne. So sage ich: „Ich denke, es gibt hier Westfernsehen und ich bin für Union, BFC und Hansa Rostock." Mehr Mannschaften kenne ich nicht. Sollen sie sich eine aussuchen.

Ein anderer Bremer stellt mir furchtbar intelligente und komplizierte Fragen über unser Wirtschaftssystem. Wäre ich doch bloß nicht hierher gekommen! Dann habe ich eine Idee. Ich werde sie einlullen, so wie es Herr Kleinschmidt immer mit uns im Staatsbürgerkunde-Unterricht gemacht hat. Ein paar seiner Sätze sind bei mir noch hängen geblieben und so beginne ich: „Unser sozialistisches System basiert auf der Einheit von Wirtschafts- und Sozialpolitik. Die PV, das heißt Produktionsverhältnisse, stehen im unwiderruflichen Zusammenschluss der staatlichen Organe und des Zentralkomitees mit der AK, was Arbeiterklasse bedeutet, sowie deren Besitz an den PM, den Produktionsmitteln."

Die Bremer starren mich an und sind mucksmäuschenstill. Herr Lindenblatt steht hinter mir und brüllt: „Raus!"

Immer mehr Schaulustige kommen. Nolle begleitet mich zur Tür und sagt: „Es war ein Fehler. Ich hätte dich wirklich nicht mitnehmen sollen." Na wenigstens etwas. Das wird der Anfang einer neuen Ära. In Zukunft werde ich Nolle wohl auch widersprechen können.

Nolle umarmt mich. Wir verabschieden uns.

Ich verlasse das Pfarrhaus. Ich schwöre mir, dieses und ähnliche Häuser nie wieder zu betreten. Ganz betreten stehe ich nun allein in Stralsund. Wenn Herr Lindenblatt das Oma Martha erzählt, blüht mir daheim noch ganz schön etwas.

Fannie kommt aus dem Pfarrhaus gerannt. Sie erzählt mir, dass Herr Lindenblatt es nicht so gemeint hat und darum bittet, ich solle doch wieder zurückkommen. Ich bleibe bei meinem Schwur. Fannie weist mich darauf hin, dass mein Rucksack noch im Pfarrhaus steht und keiner ihn herausbringen wird. Tolle Nächstenliebe. Sie nimmt mich an die Hand und wir gehen in das Pfarrhaus zurück.

Im Gemeindesaal sitzen wieder alle im Stuhlkreis. Fannie zieht mich auf den Stuhl neben sich. Da sitze ich nun wieder und alle beten. Diesmal spricht einer nach dem anderen ein selbst erfundenes Gebet. Sie danken jeweils für etwas und bitten jeweils um etwas. Die Ossis danken Gott fast alle für die friedliche Wende und bitten Gott um eine gute neue Zukunft. Die Wessis danken Gott fast alle für die schöne Zusammenkunft hier und bitten darum, dass so etwas öfter stattfindet.

Nun sind alle fertig und schauen vorsichtig zu mir. Ich sage: „Ich danke Herrn Lindenblatt für die gute Wochenendlösung.“ Fannie flüstert mir zu: „Losung und außerdem sollst du Gott danken.“ Ich fahre fort: „Also noch mal. Ich danke Herrn Lindenblatt für die gute Wochenendlosung. Denn so konnte ich endlich eine Brücke bauen, wo noch keine war. Ich bitte darum, dass Werder Bremen heute Abend gewinnt.“ So, jetzt sollte mich auch der letzte Bremer in sein Herz geschlossen haben und mich nicht mehr mit seiner Fragerei nerven.

Doch es geht schon wieder los. Einer will wissen, wie ich denn die Brücke geschlagen hätte. Ich sage: „Na eben so. Mit langen Brettern und alten Ziegelsteinen.“ Herr Lindenblatt schüttelt nur noch den Kopf und seine Bibel rutscht ihm vom Schoß.

Fannie sagt laut: „Herr Pfarrer, es stimmt!“ Ich sage: „Ja, und Fannie hatte die tolle Idee dazu. Wir haben in Stralsund eine Brücke gebaut, wo vorher noch keine war!“ Nolle ruft in den Saal: „Mensch, dann ist Paul der Einzige hier in der Runde, der die Aufgabe erledigt hat!“ Alle klatschen mir zu. Herr Lindenblatt schlägt vor, dass wir sofort ein Lied singen. Alle möchten, dass ich mir das Lied aussuche. Doch Herr Lindenblatt gibt die Nummer des Liedes im Gesangsbuch vor und möchte, dass alle zwölf Strophen gesungen werden.

Danach bricht er die Runde ab.

Die Bremer rennen zum Fernseher. Unsere Leute zu ihren Gitarren. Wenn es schon die Bremer nicht tun, machen unsere eben auf Bremer Stadtmusikanten. Da ich weder vom Fußball noch von den Liedern Ahnung habe, stehe ich allein im Flur und warte auf das Abendbrot. Ich schaue aus dem Fenster. Auf dem Hof knutschen Nolle und Maria. Von hinten vernehme ich Fannies Stimme: „Willst du auch?“ Ich sage einfach: „Ja.“ Dabei kann man doch nicht viel falsch machen, denke ich, und drehe mich um. Fannie reicht mir Stücke von ihrer Westschokolade.

Endlich ist es soweit. Ich habe die Sache überstanden. Der Tag ist vorbei. Das Abendbrot war auch nicht besser als das im FDGB-Erholungsheim und danach haben wir nur noch gesungen.

Wir steigen alle auf den Dachboden. Hier ist unser Schlaflager aufgebaut. Lauter aneinander gereihte Matratzen.

Die Ossis belagern sofort die linke und die Wessis beziehen die rechte Hälfte des Dachbodens. Es bleibt für mich noch etwas in der Mitte frei. Ich breite meinen Schlafsack aus und lege mich hinein. Natürlich Richtung Osthälfte, zu unseren Leuten. Neben mich, Richtung Westhälfte, legt sich Fannie. Sie zieht ihren Schlafsack zu. Hier zwischen uns verläuft sie also, die Nahtstelle zweier Systeme. Zweier Systeme, die sich zurzeit immer mehr annähern, Dank der Wende. Ich wende mich auch, zu Fannie, und nähere mich ihr an. Mir wird kühl in meinem Schlafsack und Fannie merkt es. Sie wirft ihren bis zu Minus 25 Grad tauglichen Schlafsack über uns beide. Der Schlafsack und Fannies Pfunde wärmen mich. Ich bin so sehr aufgeregt! Zum Glück schläft Fannie in meinem Arm gleich ein.

Ich würde auch gern einschlafen, wenn da nicht in der Ostecke immer noch Gitarre gespielt würde und Herr Lindenblatt nicht so laut schnarchen würde.

Ich streichle Fannies nach West-Apfelshampoo riechendes Haar und sage ihr leise ins Ohr:

„Gute Nacht!“

Herr Kleinschmidt und die Vergangenheitsbewältigung, Juni 1990

Es ist Freitag. Wieder einmal sitze ich im Bus und fahre zur Ernst-Thälmann-Oberschule nach Neubrandenburg. Nicht mehr lange, denn bald haben wir Sommerferien. Wenn ich damals in der 7. Klasse nicht sitzen geblieben wäre, wäre ich jetzt schon in der 10. Klasse und dann könnte mich die Schule sowieso bald mal. Aber eigentlich bin ich froh, jetzt nicht in der Zehnten zu sein, denn die haben gerade ihre Prüfungen. Für uns aus der 9. Klasse sieht der DDR-Bildungsplan vor, dass wir uns im Juni in einem GST-Lager weiterbilden. Ein Lager der „Gesellschaft für Sport und Technik", in dem geschossen und gekämpft wird, damit wir auf die NVA heiß werden.

Viele Faulenroster haben mich vorhin an der Bushaltestelle ausgelacht, als ich dort mit meinem Rucksack und in GST-Uniform auf den Bus gewartet habe. Sie meinen, dass das doch nun alles Unsinn geworden sei. Egal, meine Versetzung in die 10. Klasse ist stark gefährdet.

In Neubrandenburg in der Ernst-Thälmann-Oberschule angekommen, lachen mich auch alle aus und zeigen mit den Fingern auf meine GST-Uniform: „Wo kommst du denn her?!"

Was habe ich denn nun schon wieder falsch gemacht? Seit dem Schuljahresbeginn steht das doch so in meinem Hausaufgabenheft. Allerdings war ich in den letzten drei Wochen nicht in der Schule, weil ich furchtbare Bauchschmerzen hatte. Die hatte ich, seitdem der Barkas aus Stralsund abgefahren ist und Fannie mir vorher so einen langen, zärtlichen Abschiedskuss gegeben hatte. Seit drei Wochen bin irgendwie nicht mehr ich selbst. Jetzt will ich die Sache aber wieder vollständig in den Griff bekommen und diesmal so richtig! Ab heute werde ich ein ganz neuer Mensch sein! Ich leite auch bei mir eine Wende ein! Mein Selbstvertrauen ist dazu gnadenlos gestärkt. Nicht nur, dass ich in Zukunft auch solchen Leuten wie Nolle widersprechen kann, nein, auch die Mädchen scheinen mich zu begehren.

Stolz laufe ich mit erhobenem Kopf an meinen Mitschülern vorbei: „Na dann wollen wir mal ran an die Kanonen! Es heißt den Klassenfeind zu besiegen!“ Oh, nein. Das würde ja bedeuten, ich müsste Fannie …

Alle lachen. Herr Kleinschmidt sieht mich glückselig an: „Paul, warum hast du dich nur all die Jahre so zurückgehalten?“ Verpasste Chance. So hätte ich sein Musterschüler werden können, trotz der schlechten schulischen Leistungen. Dass ich darauf nicht früher gekommen bin. Andere sind es bestimmt.

Der grüne Bus, wieder vom Typ „Robur“, fährt vor die Schule und hält an.

Unsere gesamte Klasse steigt in den Bus, aber nur ich trage eine Uniform alle anderen sind in Zivil. Herr Kleinschmidt möchte eine ganz normale Klassenfahrt in das schon seit Jahren gebuchte GST-Lager machen, in die Kleinstadt Röbel.

Wir zuckeln über die Landstraßen des Bezirks Neubrandenburg oder eben über die Landstraßen von Mecklenburg. Cornelia sitzt neben mir. Sie starrt meine GST-Uniform an und fragt mich, ob ich mein FDJ-Hemd wiederhaben möchte, das sie noch immer hat. Apropos FDJ. In diesem Bus wird nun gar nicht mehr gesungen. Ich bleibe selbstbewusst und beginne laut zu singen: „Bau auf, bau auf, Freie Deutsche Jugend, bau auf …“

Herr Kleinschmidt strahlt über das ganze Gesicht und singt mit. Die anderen stimmen in gewohnter Form gelangweilt mit ein.

Wir stehen an einer Kreuzung in Neustrelitz. Dank des warmen Juniwetters sind die Robur-Fenster dort geöffnet, wo man sie öffnen kann. Aus unserem Bus tönt nun: „Ich trage eine Fahne und diese Fahne ist rot. Es ist die Arbeiterfahne ..."

Die Leute an der roten Fußgängerampel sehen ganz entsetzt zu uns. Ein kleiner Junge sagt: „Mami, Mami, ich will auch wieder zu den Jungpionieren", und bekommt dafür eine geknallt.

Wir sind in Röbel im ehemaligen GST-Lager angekommen.

Die Mädchen unserer Klasse beziehen den einen und wir Jungs den anderen Bungalow.

Herr Kleinschmidt kommt in unseren Bungalow und inspiziert die Lage. Er macht mich zum Gruppenchef, was früher völlig undenkbar gewesen wäre. Ich bin nun dafür verantwortlich, dass hier alles läuft. Welch verspätete Karriere! Herr Kleinschmidt verlässt den Bungalow und ich ziehe meine Uniform glatt.

Ich verlasse ebenfalls den Bungalow und sehe mir das Gelände an. Seit Jahren habe ich mich vor diesem Lager gegrault, doch als Gruppenchef sieht das alles ganz anders aus. Da ist die Sturmbahn, da ist die Kletterwand und da sind die Mülltonnen. Da sind die großen Fahnenmasten, doch an ihnen hängt nichts mehr. Hier war der Appellplatz. Über diesen spaziert gerade Herr Kleinschmidt mit den Händen in den Hosentaschen und ich glaube, dass er traurig auf den Boden blickt. Er soll mir jetzt nicht erzählen, wie schön alles mal war und so gehe ich schnell in unseren Bungalow zurück.

Oh, was muss ich da sehen! Die Mädels sitzen bei den Jungs auf den Betten und viele rauchen. Die Bude ist schon ganz verqualmt und das trotz des Rauchverbotes. Ich muss jetzt einschreiten. Cornelia ist die Einzige, die schnell ihre Zigarette ausdrückt. Ich sage: „Dann macht wenigstens die Fenster auf!“ Keiner steht auf. Toller Anfang für mich! Cornelia erhebt sich und öffnet die Fenster.

Herr Kleinschmidt betritt den Bungalow und schnell werfen alle ihre Zigaretten aus den Fenstern. Herr Keinschmidt, mir eben noch so gut gesonnen, schnauzt nur mich an: „Genosse Gruppenführer ... äh ... vergiss es. Ich meine – Paul. Warum lässt du das zu?“ Cornelia sagt zu Herrn Kleinschmidt, dass wir hier auf einer einfachen Klassenfahrt wären und da gebe es keinen Gruppenführer mehr. Dann wäre ich meine gerade erst erhaltene Beförderung schon wieder los und das zu dem Zeitpunkt, in dem ich nun bei mir eine Wende einleite. Schnell sage ich zu Herrn Kleinschmidt: „Genosse Direktor, ich habe den Mitschülern das Rauchen ausnahmsweise erlaubt, weil diese mir versprochen haben, heute Nachmittag freiwillig über die Sturmbahn zu rennen.“

Meine Mitschüler sehen mich ganz blöde an. Noch blöder aber sieht mich Herr Kleinschmidt an. Herr Kleinschmidt geht aus dem Bungalow und zieht mich an sich heran: „Wenn du das hinbekommst, Paul, verspreche ich dir, über deine Versetzung in die Zehnte nicht mehr nachzudenken.“ Ich sage: „Das heißt, ich bleibe nicht sitzen, wenn die ...“ Leise sagt Herr Kleinschmidt ein zerknirschtes „Ja“ und geht fort.

Im Bungalow gehen meine Mitschüler auf mich los: „Bist du denn völlig bescheuert!“ Sie geben mir eindeutig zu verstehen, dass sie nicht mehr über Sturmbahnen rennen werden. Ich sage noch: „Damit könnt ihr doch schon einmal für die Bundeswehr üben.“ Einer brüllt: „Raus!“

Das kommt mir bekannt vor.

Die ersten Kissen und Matratzen werden nach mir geworfen. Ich verlasse den Bungalow. Was soll ich denn jetzt machen? Ich kann mich doch da drin nicht mehr blicken lassen und bei Herrn Kleinschmidt auch nicht mehr. Ich bin hoffnungslos verloren. Meine Wende nimmt ein schnelles Ende. Wer kann mir denn jetzt noch helfen? Ich hab's. Es gibt noch Nolle! Der weiß immer, wie man aus Scheiße Gold macht. Ich muss ihn anrufen. Noch ist Nolle in der LPG und die haben ein Telefon.

Ich renne in den Ort zur Post. Die haben auch ein Telefon. Während ich durch Röbel renne, werde ich von anderen Jugendlichen, die in einem Bushaltestellenhäuschen abhängen, wegen meiner GST-Uniform angemacht. Im Vorbeirennen rufe ich ihnen zu: „So etwas trägt man jetzt in Berlin!"

Im Postamt rufe ich Nolle an und bitte ihn um Rat. Er hat sofort einen Plan und garantiert mir, dass alles klappt. Von Nolle brauche ich keine Garantie.

Ich renne Richtung GST-Lager zurück. An dem Bushaltestellenhäuschen sehe ich, dass zwei von den Typen ihre GST-Uniform angezogen haben.

Ich bin wieder im Lager. In den Bungalow traue ich mich nicht mehr. Von nun an stehe ich am Zaun und warte. Cornelia kommt bald zu mir. Sie meint, ich solle mein Amt einfach niederlegen und die alberne Uniform ausziehen. Ich weihe sie in Nolles Plan ein. Cornelia glaubt überhaupt nicht daran, dass es funktioniert und will mir dennoch dabei helfen.

Die ersten dummen Sprüche ertönen aus den Bungalowfenstern, was wir denn hier am Zaun machen würden. Cornelia ruft zurück: „Wir schieben Wache! So ein Lager ist in der heutigen Zeit nicht ganz geheuer!" Cornelia setzt noch einen drauf: „Meine Mutti hatte mir sogar verboten, hierher zu fahren. Ist euch noch gar nicht aufgefallen, dass außer uns hier weiter keiner ist?!" Der Wind schlägt mit einem lauten Knall einen Fensterladen der vielen leer stehenden Bungalows zu. Ramona wollte gerade zum Toilettenhäuschen rennen und kehrt wieder um.

Endlich ist es soweit! Aus der Ferne vernehme ich den einzigartigen Klang von Nolles Moped. Das andere Geräusch erkenne ich auch. Es ist das Moped von Vokuhila.

Nolle und Vokuhila stellen ihre Mopeds im Wald ab. Unauffällig zeige ich den beiden vom Zaun aus, welcher unser Bungalow ist. Nolle und Vokuhila verstecken sich hinter Bäumen und zielen mit den Gewehren, die sie auf dem „Danke-Fest" in Faulenrost geklaut haben, auf die Fensterscheiben unseres Bungalows. Jetzt gibt mir Nolle das Zeichen.

Ich renne in unseren Bungalow und brülle: „Alaaaaarm!!! Der Klassenfeind greift an!!" Olaf zeigt mir einen Vogel. Doch gleich darauf wirft er sich auf den Boden. Die Fensterscheiben gehen zu Bruch, eine nach der anderen. Ich schreie: „Alles in Deckung!" Nun gehorcht mir hier jeder und verkriecht sich unter ein Bett oder hinter einen Spind. Die erste Granate fliegt durch ein kaputtes Fenster in unseren Bungalow. Es muss sich dabei um einen von Nolles selbst gebastelten Silvester-Knallern handeln.

Herr Kleinschmidt reißt die Tür auf: „Was ist denn hier los?!" Ich brülle ihn an: „In Deckung!" Die nächste Granate schlägt ein. Herr Kleinschmidt rennt zu einem Spind und zwängt sich hinein. Durch das Blech höre ich seine ängstliche Stimme: „Ich habe es immer gewusst, dass es noch einmal so kommen wird."

Inzwischen ist die ganze Bude richtig verqualmt. Cornelia kommt in den Bungalow gerannt: „Ich, ich, ich habe sie gesehen! Es sind nur fünf Mann und, und sie haben Stellung hinter dem Toilettenhäuschen bezogen!" Einige Mädchen fangen an zu weinen. Sibylle meint: „Wir müssen Hilfe holen!" Cornelia sagt ganz trocken: „Dann geh du." Jetzt plärrt Sibylle erst richtig los. Ich brülle so laut es geht: „Ruhe im Bungalow!!! Ich habe hier das Kommando!!" Alles schweigt und ich sage: „Also, zuerst müssen wir uns Uniformen anziehen. Das erzeugt beim Klassenfeind immer noch Respekt." Olaf flüstert: „Es gibt ihn also wirklich – den Klassenfeind. Warum hat sich der Feind gerade unsere Klasse ausgesucht?"

Ich schlage mich von Spind zu Spind durch und alle bewundern meinen Mut. In einem finde ich tatsächlich viele muffig riechende GST-Uniformen. Ich werfe sie den Verängstigten zu. Viele Mitschüler bekommen Probleme damit, eine GST-Uniform in ihrem Versteck anzuziehen. Doch alle tun es. Die meisten Probleme hat dabei Herr Kleinschmidt in seinem engen Spind. Cornelia, nun in GST-Uniform nicht mehr so schön anzusehen, meint: „Es sind nur fünf Mann und wir sind dreiundzwanzig. Das muss doch zu schaffen sein."

Herr Keinschmidt reicht mir vorsichtig einen Schlüssel aus dem Türschlitz seines Versteckes und sagt mir, es sei der Schlüssel zur Waffenkammer in der Nähe des Eingangstores. Ich beruhige alle, indem ich verspreche, dass Cornelia und ich uns dorthin durchschlagen werden.

Sibylle jammert immer noch: „Würde es doch bloß so etwas wie ein Funktelefon geben. Dann könnte ich jetzt Hilfe rufen." Cornelia sagt ganz locker: „Gibt es aber nicht, also müssen wir uns selbst befreien, bevor es zu spät ist."

Der Qualm hat sich verzogen und es riecht nun anders unangenehm. Na gut, zum Toilettenhäuschen würde ich mich in dieser Situation auch nicht trauen.

Cornelia und ich verlassen den Bungalow. Uns wird noch nachgerufen: „Seid bloß vorsichtig!" Gemütlich laufen Cornelia und ich zur Waffenkammer. Ich gebe Nolle ein Zeichen. Er und Vokuhila gehen zu den Mopeds zurück. Dort stehen sie sicher. Fern ab vom Toilettenhäuschen.

Cornelia und ich kehren, mit vielen Gewehren und einer DDR-Fahne, in den Bungalow zurück. Erleichterung kommt auf. Wir werfen jedem eine Waffe zu. Cornelia erklärt die Situation. Der direkte Weg zum Toilettenhäuschen ist gefährlich. Hier hat der Klassenfeind freies Schussfeld. Wenn wir Schutz hinter der Kletterwand suchen, sind wir sicher.

Keiner will raus. Wir erklären noch einmal unsere zahlenmäßige Überlegenheit und das überzeugt. Noch überzeugender ist wohl ein weiterer Granateneinschlag in den Bungalow. Typisch Nolle.

Wir rennen alle zur Kletterwand und dahinter versucht jeder, den besten Platz zu finden. Ich brülle: „Vorwärts!!!“ Alles bleibt unverändert. Cornelia schreit: „Wollt ihr, dass die uns holen?! Stürmt das Toilettenhäuschen!!!“ Olaf versucht Zeit zu schinden: „Du hast hier gar nichts zu sagen. Paul hat doch das Kommando.“ Ich sage: „Genau. Stürmt das Toilettenhäuschen.“

Unsere gesamte Klasse rennt in GST-Uniformen gekleidet und mit der Waffe in der Hand über die Sturmbahn. Mir ist das zu anstrengend. So laufen Cornelia und ich gemütlich außen entlang. Uns sieht sowieso keiner, weil alle Blicke auf das Toilettenhäuschen gerichtet sind.

Am Ende der Sturmbahn gebe ich den Befehl: „Alles in einer geradlinigen Reihe hinlegen und … Feuer!!!“ Nun schießen alle, was das Zeug hält.

Bald fällt das Toilettenhäuschen in sich zusammen.

Cornelia brüllt: „Da, da, da, wir haben sie in die Flucht geschlagen. Sie rennen weg!“ Noch einige: „Wo denn?“, sind zu vernehmen, doch alle sind erleichtert.

Herr Kleinschmidt kommt mit der DDR-Fahne angerannt und rammt sie in den Schutthaufen des Toilettenhäuschens: „Sieg für Sozialismus!“

Olaf, Sibylle, Ramona und die anderen verlassen panisch das Lager.

Cornelia und ich sammeln die Gewehre wieder ein und stellen sie in die Waffenkammer. Herr Kleinschmidt trägt in die Listen ein, wie viel Munition verschossen wurde. Nebenbei verkündet er, immer noch schweißgebadet, das Ende der Klassenfahrt. Er meint, dass es nächstes Jahr zur Abschlussfahrt der Zehnten vielleicht mal in den Westen gehen wird. Ich sage zu Herrn Kleinschmidt: „Na, da bin ich ja nun auf jeden Fall dabei. Unsere Klasse ist sogar noch in Uniform und mit der Waffe in der Hand über die Sturmbahn gerannt." Herr Kleinschmidt brüllt: „Raus!"

Ich verlasse das GST-Lager. Ich schwöre mir, dieses und ähnliche Lager nie wieder zu betreten. Cornelia kommt mit mir mit. Wir gehen zu Nolle und Vokuhila.

Cornelia setzt sich bei Vokuhila und ich mich bei Nolle hinten auf das Moped.

Wir fahren durch Röbel.

Die Klassenkameraden laufen gerade zum Bushaltestelle-Häuschen.

Die Jugendlichen rufen ihnen zu: „Ihr auch aus Berlin?!"

Am See breiten wir so eine olle graue GST-Decke aus, die Cornelia noch hat mitgehen lassen. Es ist ein wunderschöner Juniabend. Nolle, Vokuhila und Cornelia gehen baden. Mir ist das Wasser noch zu kalt, aber ich schaue den drei Nackedeis gern zu und erfreue mich an der schönen Landschaft sowie an meiner Versetzung in die 10. Klasse. Das Leben kann so schön sein! Ein älteres Ehepaar verdirbt mir die Freude. Sie meckern herum, weil meine drei Freunde keine Badebekleidung anhaben. Noch immer selbstbewusst und im Gruppenführer-Ton rufe ich dem Ehepaar zu: „Na, dann verpisst euch doch!" Das Ehepaar schnappt seine Campingmöbel und verpisst sich. Mit einem Wohnmobil, mit westdeutschem Kennzeichen. An unsere schöne Kultur müssen sie sich eben auch erst noch gewöhnen.

Nolle, Vokuhila und Cornelia kommen aus dem Wasser zurück. Cornelia zieht sich wieder die GST-Uniform an. Nolle und Vokuhila sitzen noch mit freiem Oberkörper auf der GST-Decke. Tolle Kerle. Cornelia sieht sie gar nicht an. Sie kuschelt sich an mich. Ihr ist kalt. Das Leben kann sogar noch schöner sein!

Nolle meint: „Musik fehlt hier.“ Vokuhila holt aus seinem Rucksack seinen kleinen „Annett“-Kassettenrecorder hervor. So laut wie's geht, hören wir Udo Lindenberg und AC/DC.

Nolle brüllt, dass es hier viel zu schön sei, um wieder nach Hause zu fahren. Jetzt hat Nolle wieder das Sagen und so beschließt er, dass wir noch übers Wochenende bleiben.

Auf der Post rufen wir irgendwelche Nachbarn daheim an, damit diese den Eltern von Nolle und Vokuhila Bescheid geben.

Wir haben großen Hunger bekommen und gehen in eine Röbeler Gaststätte. Wir setzen uns in eine gemütliche Ecke. Der Wirt fragt uns, ob wir lieber Weißen oder Braunen haben wollen. Nolle sagt: „Weißen.“

Der Wirt bringt uns vier klare Schnäpse und vier Biere. Ich bitte um eine Cola und die Speisekarte. Der Wirt erklärt uns, dass bereits Küchenschluss sei. So bestellen wir uns ein paar Packungen „Hansa Kekse“.

Diese essen wir gierig auf. Nolle und Vokuhila trinken auch noch die Biere aus, die vor Cornelias und meiner Nase stehen. Den letzten Tropfen der Schnäpse schütten sie in die Biere. Ich erinnere die beiden daran, dass sie heute noch fahren müssen. Nolle erklärt mir, dass die in der DDR geltende Null-Promille-Alkoholgrenze sowieso bald nicht mehr gültig sein wird und er sich schon einmal daran gewöhnen muss. Allmählich begreife ich immer mehr, welche Sicherheiten mir doch die DDR gegeben hat.

Mit einem unsicheren Gefühl steige ich wieder bei Nolle auf das Moped und wir vier fahren zum GST-Lager zurück. Wieder nichts mit meinem Schwur.

Wir klettern durch ein zerschossenes Fenster in den Bungalow. Es wird dunkel. Der Strom funktioniert nicht. Irgend so ein Blindschütze unserer Klasse hatte die Leitung gekappt. Nolle macht eine Kerze an. Es wird gemütlich. Aus der Gemütlichkeit heraus reißt mich ein natürliches Bedürfnis. Ich muss ganz dringend und gehe nach draußen.

Die einzige Toilette, für einst 100 bis 200 Mann, ist nur noch ein Schutthaufen. Darauf weht die DDR-Fahne im lauen Juniwind. Ich verkneife es mir und gehe in den Bungalow zurück.

Cornelia liegt im Feldbett und wünscht, dass ich zu ihr unter die GST-Decke komme. Oh, Schreck! Ihre GST-Uniform liegt vor dem Bett. Wie hält sie das nur unter dieser ekelhaften, rauen, grauen, kratzenden Decke aus?

Ich lege mich zu Cornelia und spüre ihre weiche Haut. Ich bin so aufgeregt! Zum Glück schläft Cornelia in meinem Arm gleich ein.

Ich würde auch gern einschlafen, wenn da nicht so ein Spätzünder von Nolles Knallern explodieren würde und Vokuhila nicht so laut schnarchen würde.

Ich streichle Cornelias, nach Florena-Ei-Shampoo riechendes Haar und sage ihr leise ins Ohr:

„Gute Nacht!“

Paul und die Währungsunion, Juli 1990

Endlich haben wir wieder Sommerferien. Aber heute ist sowieso Sonntag. Da ich ja seit drei Monaten sechzehn bin, darf ich Bier besitzen. Ich habe mir zehn Kästen „Neubrandenburger Pils“ gekauft und diese stehen in meinem Zimmer. Wieder hole ich mir eine Flasche Bier. Ich trinke aber lieber Cola und so gieße ich das Bier, wie ich es schon seit einer Woche mache, in den Blumenkasten vor meinem Fenster.

Vor einer Woche hat man in der DDR die D-Mark eingeführt. Nun haben wir auch alle Westgeld, seit dieser Währungsunion. Damit wurde dem Ostgeld ein Ende gesetzt und somit auch den vielen Jagdwurst-Reisestullen. Denn, wenn wir jetzt wieder nach Hamburg fahren würden, könnten wir nun auch dort ganz normal einkaufen.

Das Westgeld hatte bei fast allen Faulenrostern großen Jubel ausgelöst. Doch schon bald ging das bekannte Genörgel der Leute wieder los, als sie sich mit den neuen Preisen vertraut machen mussten. Zwar kann sich jetzt jeder eine tolle Stereoanlage in Hamburg oder sogar in Neubrandenburg kaufen, aber für ein Konsumbrötchen, das vorher nur fünf Ostpfennige gekostet hat, muss man nun das Sechsfache an Westpfennigen hinlegen. Ist das der Anfang vom „blauen Wunder“ nach Mamas Art?

Dem will ich seit einer Woche streng etwas dagegenhalten. Ich muss jetzt ran an das große Geld. Da ist mir dann auch die große Idee gekommen. Ich werde Entdecker! Auch wenn Nolle mein Vorhaben bekloppt findet, werde ich ein Buch schreiben. Ein Buch über Experimente, die bisher noch keiner durchgeführt hat. Ich gebe zu, dass ich mich sehr vor dem

Schreiben fürchte, aber im Moment mache ich ja noch die Experimente.

Seit einer Woche hat sich an den Pflanzen im Blumenkasten nichts verändert. Aber wenn diese erst einmal in die Höhe schießen werden und blühen wie im Mai, habe ich entdeckt, dass man Pflanzen mit Bier gießen muss. Dann wird Mama auch Bier kaufen müssen und Papa sich am Blumenwasser vergreifen …

Apropos Mama. Sie schimpft schon wieder in der Küche. Ich bin schuld. Seit Tagen hat sie nicht genügend Platz auf dem Herd.

Ich gehe in die Küche zum Herd. In den großen Kochtopf muss ich wieder Wasser nachgießen. Ich koche seit einigen Tagen ein Verlängerungskabel. Niemand auf der Welt weiß, was passiert, wenn man ein Verlängerungskabel tagelang kocht. Mein Buch wird es verraten.

Ich gehe in mein Zimmer zurück. Ich schaue auf den Kilometerzähler, den ich von meinem Fahrrad abmontiert habe und an einen Ventilator befestigt habe. Wahnsinn. So viele Kilometer hätte ich ja nie mit dem Fahrrad geschafft. Der Ventilator ist auf meine Schreibtischlampe gerichtet, die schon seit einer Woche ununterbrochen brennt. Ich will herausfinden, ob eine Narva-Glühbirne eine höhere Lebensdauer hat, wenn sie angenehm gekühlt wird. Gleichzeitig werde ich benennen können, wie viel Kilometer ein Ventilator dafür zurücklegen muss.

Ich mache auch einen Tierversuch. Keine Angst. Bei mir werden die Tiere nicht gequält. Ganz im Gegenteil. Es soll für sie ein angenehmer Versuch sein. Vom Dorfteich habe ich einen Frosch geholt und diesen zusammen mit einer Maus in eine Kiste gesperrt. Ich werde den Nachwuchs Froschmäuse nennen. Oder besser noch Mausfrösche.

Ich schaue in die Kiste und zucke plötzlich erschrocken zusammen. Aus dem Flur ertönt ein lautes, vorher nie dagewesenes Klingeln. Mama schreit in der Küche auf und lässt die Teller fallen. Juliane kommt schreiend aus ihrem Zimmer und setzt dem unbekannten Klingelton ein Ende. Sie nimmt aufgeregt den Telefonhörer ab. Letzten Mittwoch haben wir tatsächlich ein eigenes Telefon bekommen. Überglücklich spricht Juliane das „Hallo" in den neuen Apparat. Welch schöne Woche für Juliane. Erst die Währungsunion und drei Tage später das Telefon. Zum ersten Mal in dieser Woche schaut Juliane eher traurig. Sie ist enttäuscht. Da hat sich jemand verwählt. Na gut, die DDR-Bürger müssen eben erst noch mit diesen neuen Geräten in ihrer Wohnung umgehen lernen. Außerdem, wer sollte denn Juliane anrufen? Die meisten haben doch immer noch kein Telefon. Wir haben eben Glück, weil Papa sich mit achtzehn Jahren gleich für ein Telefon und einen neuen Trabant angemeldet hat und nun haben wir sogar schon beides!

Mama hat die Scherben in der Küche zusammengefegt und kommt zum neuen Telefon. Es ist grau, wie die Maus in meiner Kiste. Es hat eine schicke, klare Wählscheibe und sieht so aus, wie alle DDR-Telefone. Hauptmann Fuchs und Leutnant Hübner vom „Polizeiruf 110" haben die gleichen Telefone auf ihren Schreibtischen.

Mama und Juliane überlegen, wen sie mal anrufen könnten. Sie haben keine Idee. Ich sage, dass ich eine Telefonnummer habe, und beide sehen mich ganz erstaunt an.

Ich gehe in mein Zimmer und suche die Telefonnummer. Juliane sagt mit etwas böser Zunge: „Na dann such mal. Dein Nolle oder Cornelia haben doch gar kein Telefon." Ich krame weiter zwischen meinen Notizzetteln herum und antworte: „Du kannst doch inzwischen Vokuhila in der Telefonzelle anrufen." Juliane sagt noch: „Blödmann", und ich habe Fannies Telefonnummer gefunden. Nun bin ich es also, der unser Telefon einweihen wird.

Ich wähle die Nummer. Eigentlich weiß ich gar nicht, was ich jetzt Fannie erzählen soll. Ich muss es auch nicht wissen. Unser Telefon funktioniert nicht. Nichts passiert. Mama meint, wenn ich nach Westdeutschland telefonieren will, muss ich noch eine Vorwahl wählen. Ist das umständlich. Dann bin ich vielleicht auch für eine baldige Wiedervereinigung. Ich lege den Hörer wieder auf.

Das Ding klingelt wieder. Wir drei zucken erneut zusammen. Daran müssen wir uns eben erst gewöhnen. Ich nehme diesmal den Hörer ab. Es ist Oma Martha. Sie ruft vom „Club der Volkssolidarität" aus an.

Das ist ein Club, ähnlich wie der Zentralclub 1972, nur eben für Leute in Omas Alter.

Oma erzählt mir am Telefon von der schönen Stimmung dort. Sonntagnachmittag mit Westkaffee und Kuchen sowie schöner deutscher Volksmusik. Oma erzählt mir, dass sie in den Vorstand eines Komitees zur Organisation eines Deutschlandtreffens im Club der Volkssolidarität gewählt wurde. Ich muss das Telefonieren noch erlernen. Weil ich nichts sage, schreit Oma ins Telefon: „Hallo! Hallo! Mein Junge, hörst du mich überhaupt?!"

Ich gebe den Hörer zu Mama weiter und gehe in mein Zimmer.

Der Tacho zeigt einen neuen, wahnsinnig hohen Kilometerstand an und die Glühbirne brennt weiter. Der Frosch sitzt immer noch verängstigt im Wassernapf in der Kiste und die Maus hat schon wieder alles voll geschissen.

Papa kommt vom Frühschoppen aus dem „Faulenroster Hof" zurück und flucht wie noch nie. Der Wirt hat ihn richtig abgezockt. Papa musste für ein Bier das Fünffache von dem zahlen, was es früher gekostet hat. Im Rausch zerdrückt er fast Mama und lallt: „Unter Honecker häddes dis nicht gegebm."

Papa geht in die Küche und schaut in Topf: „Ah! Heudde gibt's Aal." Es ist mein Verlängerungskabel.

Papa geht in das Wohnzimmer und schmeißt sich aufs Sofa. Er flucht weiter: „Heute Abend wollten wir im ‚Faulenroster Hof' das Endspiel der Fußball-Weltmeisterschaft gucken, aber bei den Preisen jetzt …" Papa ist eingeschlafen.

Ich mache die Kiste meines Tierversuches auf und fluche ebenfalls: „Verdammt noch mal! Ihr sollt ficken!" Juliane kommt sofort neugierig in mein Zimmer. Ich lasse die Maus raus. Juliane rennt schreiend aus meinem Zimmer und die Maus rennt ihr hinterher in den Flur. Juliane und Mama stürzen panisch aus der Wohnung.

Die Glühbirne meiner Schreibtischlampe gibt den Geist auf. Ich schalte den Ventilator aus und schreibe den Kilometerstand auf. Die erste Pflanze im Blumenkasten vor meinem Fenster sieht genauso schlecht aus wie Papa im Sofa. Die anderen Pflanzen stinken wie Papa auf dem Sofa und so beschließe ich, auch diesen Versuch aufzugeben. Bloß wohin mit dem vielen Bier? Ich schraube eine neue Glühbirne in meine Schreibtischlampe und da kommt auch mir die Erleuchtung. Ich werde Existenzgründer!

Ich schleppe unseren Fernseher auf den Hof. Papa bekommt das nicht mehr mit. Wo Mama und Juliane geblieben sind, weiß ich nicht. Ich stelle den Fernseher auf eine der Mülltonnen. Jetzt fehlt noch Strom. Ich renne im Neubaublock die Treppen wieder hoch.

In unserer Küche stelle ich das Gas aus und schrecke das Verlängerungskabel mit kaltem Wasser ab. Wahnsinn! Es hat sich so weit ausgedehnt, dass es bis zum Fernseher auf dem Hof reicht.

Schnell schleppe ich meine vielen Bierkästen auf den Hof. Nun fehlt nur noch die Kundschaft.

Ganz bequem setze ich mich vor unser Telefon. Ich rufe im „Faulenroster Hof" an und lasse mir Nolle geben. Anschließend rufe ich im Club der Volkssolidarität an und lasse mir Oma Martha geben.

Endlich ist es soweit. Es ist Abend. Ich schalte unseren RFT-Fernseher ein, der auf der Mülltonne steht.

Da kommt auch schon Nolle mit der Belegschaft vom „Faulenroster Hof" auf unseren Hof. Ich verkaufe ihnen für einen günstigen Westmark-Preis mein Bier, das ich einen Tag vor der Währungsunion noch von meinem Osttaschengeld bezahlt habe.

Die deutsche und die argentinische Fußballnationalmannschaft laufen zum Fußball-Weltmeisterschafts-Finale auf unseren Hof, im Fernseher, ein.

Rechtzeitig zu den Hymnen kommt Oma Martha mit ihren Kumpels vom Club.

Unter dem Klang der deutschen Nationalhymne kaufen die Rentner bei mir Bier.

Während des Endspiels wird meine Kasse immer voller und das Publikum allmählich auch. Den meisten Umsatz bringt mir Papa, seitdem er völlig überrascht aus dem Neubaublock in unseren Hof getaumelt kam.

Plötzlich kommt Hauptmann Loregang und will meine Gewerbegenehmigung sehen. Alle werden ganz still. Deutschland hat einen Elfmeter bekommen. Schnell bestellt sich Hauptmann Loregang bei mir ein Bier. Andreas Brehme schießt. Alle schreien: „Tooooor!!!"

Nolle kauft bei mir Bier ohne Ende. Bald wird das Spiel abgepfiffen. Deutschland ist Fußballweltmeister. Oma Martha klettert auf die Mülltonne neben dem Fernsehgerät und singt lautstark das Deutschlandlied. Aus Faulenrost und den Nachbardörfern steigen Feuerwerkskörper in den Himmel. Der Durst meiner Gäste steigt auch. Meiner auch, doch ich komme nicht dazu, mir eine Cola zu holen. Die letzten drei Biere verkaufe ich an Papa, Nolle und Vokuhila.

Mit meinem schwer erarbeiteten Westgeld gehe ich die Treppen in unserem Neubaublock hoch. Von unserer Wohnung aus rufe ich Cornelias Nachbarn in Altentreptow an: „Richten Sie bitte Cornelia aus, dass ich niemals mein blaues Wunder erleben werde, weil ich Existenzgründer bin."

Ich lege mich in mein Bett, aber ich kann nicht einschlafen. Es ist nicht die feiernde Gesellschaft auf dem Hof, die mich am Einschlafen hindert, sondern es ist der Frosch. Er hüpft vergnügt in meinem Bett herum und ich schreie ihn an:

„Gute Nacht!"

Dirndl und der Auslandsurlaub, August 1990

Mama hat nun auch Ferien. Vielleicht sogar für immer. Die LPG hat sie einfach entlassen und nun hat Mama jeden Tag „Haushaltstag". Mama ist über die ungewohnte Arbeitslosigkeit sehr traurig. Schließlich hat sie 24 Jahre in der gleichen Kantine gearbeitet. Vom ersten Tag der Lehre an. Unsere Wohnung ist jetzt noch sehr viel sauberer als sie sonst schon immer war. Mama putzt ständig, um sich die Zeit zu vertreiben.

Papa hat auch schon sicherheitshalber seinen gesamten restlichen Urlaub genommen.

Oma Martha findet es gar nicht gut, dass Mama und Papa über die heutige Zeit nur noch schimpfen. Oma kann die bevorstehende Wiedervereinigung schon gar nicht mehr abwarten. Wenn Mama sagt, dass sie sich die „guten alten Zeiten" zurückwünscht, wird sie von Oma so lange ausgeschimpft, bis Mama anfängt zu weinen. Mir tut Mama dann immer Leid und Oma tut sie wahrscheinlich auch Leid.

Oma möchte nicht, dass Mama und Papa Trübsal blasen. Deshalb will sie uns eine Urlaubsreise schenken. Natürlich hat sie daran eine Bedingung geknüpft. Sie muss mitfahren dürfen. Mama und Papa haben deshalb sofort Nein zur Reise gesagt. Juliane und ich haben unsere Eltern so lange bearbeitet, bis sie „Na gut" zur Reise gesagt haben. Einer Meinung sind Mama, Papa, Juliane und ich gewesen, dass es endlich einmal in das westliche Ausland gehen soll. Wir waren noch nie im westlichen Ausland. Seit der Grenzöffnung dürfen wir das und wollen es nun ausnutzen, wenn uns Oma schon einlädt. Zum Ausland hat Oma sofort Nein gesagt. Juliane und ich haben Oma so lange bearbeitet, bis sie „Na gut" zu einer Auslandsreise gesagt hat. Natürlich hat Oma daran eine Bedingung geknüpft. Wenn Ausland, dann nur Österreich. Oma dazu: „Schließlich gehörte Österreich …“

„Ich fahre nicht mit“, war sofort Mamas Ansage. Juliane und ich haben Mama so lange bearbeitet, bis sie „Na gut“ zu einer Reise nach Österreich gesagt hat. Natürlich hat sie daran eine Bedingung geknüpft. Wenn Österreich, dann nur, wenn Oma Martha ihre Sprüche unterlässt und schon gar nicht von einem Berggipfel aus das Deutschlandlied singt. Nun hat Oma die nächste Bedingung gestellt. Sie will sich zusammenreißen, aber nur, wenn ich mir mit ihr ein Zimmer teile. Sonst fällt alles ins Wasser. Das ist glatte Erpressung! Wieso ausgerechnet ich? Ich habe sofort Nein zur Reise gesagt. Juliane und Oma haben mich so lange bearbeitet, bis ich „Na gut“ zum gemeinsamen Zimmer mit Oma gesagt habe. Natürlich habe ich daran eine Bedingung geknüpft. Nur wenn Oma nicht schnarcht.

Es ist kaum zu glauben. Wir laden unser Urlaubsgepäck in den Reisebus am Westberliner Busbahnhof und steigen in den Bus ein. Unser Urlaub kann beginnen. Doch es gibt erneut Probleme. Mama besteht darauf, dass sie nicht in Oma Marthas Nähe sitzen muss. Ich bestehe ebenfalls darauf, nicht in Omas Nähe sitzen zu müssen. Es reicht doch, dass ich mir schon ein Zimmer mit ihr teilen muss. Juliane setzt sich freiwillig neben Oma Martha.

Wir fahren mit dem Reisebus über die ehemalige Grenze nach Bayern. Es sind noch die Reste vom gewaltigen Grenzübergang zu erkennen. Was müssen die damals kontrolliert haben! In die angrenzenden Wälder wurden riesige Schneisen geschlagen. Hier verlief einmal die Grenze zu Westdeutschland.

Ich möchte, dass Papa das auch alles sieht, aber er schläft neben mir und schnarcht. Da fällt mir wieder ein, was ich Oma versprechen musste …

Oma schaut aus dem Fenster und strahlt vor Freude. Sie genießt innig den Anblick der bayerischen Berge. Dabei unterhält sie sich immer wieder angeregt mit Juliane. Juliane gibt Oma Recht, wie grau doch unsere DDR gegen dieses schöne Bayern ist. Ich möchte nicht wissen, wie viel österreichische Schillinge Juliane im Urlaub noch von Oma Martha kassieren wird.

Der Busfahrer sagt über die Lautsprecher, dass wir nun über die Grenze nach Österreich fahren werden. Ich wecke Papa auf. Wir beide holen unsere blauen DDR-Personalausweise aus unseren Jacken. Die anderen tun es nicht. Umsonst. Der Bus fährt einfach so über die Grenze nach Österreich. Unglaublich, wie hat man uns früher kontrolliert, wenn wir über die einzige offene DDR-Grenze in die CSSR gefahren sind. Einmal hatten die Grenzer unseren Trabant fast auseinander genommen. Papa möchte nicht daran erinnert werden und will weiter schlafen.

Inzwischen ist es Abend. Wir sind in Tirol an unserem Hotel angekommen. Völlig erschöpft steigen alle aus dem Reisebus. Das Hotel sieht schön aus und ist von vielen hohen Bergen umgeben.

Wir schleppen unser Gepäck in das Hotel. In gewohnter Manier stellen wir uns an die Schlange vor der Rezeption an. Alle wollen Geld tauschen. Ich schaue auf die Tafel, auf der die Wechselkurse stehen. Noch muss ich mich daran gewöhnen die D-Mark zu suchen und sage das Juliane. Juliane hält mir den Mund zu und flüstert böse: „Schrei es doch noch lauter in den Saal.“ Oma schaut auch ganz böse zu mir. Juliane lächelt Oma zu. Blöde Schleimerin, denke ich. Der werde ich es zeigen und habe Glück. Ich bin an der Reihe. Ich sage: „Gudden Toch, meen Fräulein. Wie viel Mork darf isch denn pro Tog umtauschen? Wir kommen nämlisch aus der DDR.“ Viele

Leute lachen. Die Frau an der Rezeption guckt erst komisch und lächelt dann auch künstlich. Juliane wird knallrot, haut mir ihr Knie in den Hintern und flüstert wütend: „Du Vollidiot!“

Ein hübsches Mädchen im Dirndl erscheint im Saal und begrüßt uns alle. Sie spricht ein eigenartiges, aber niedliches Deutsch und ich muss ihr genau zuhören, um sie zu verstehen. Die Frage, ob denn auch Bürger aus den demnächst neuen Bundesländern unter uns wären, verstehe ich. Mama, Papa, ich und erstaunlich viele andere heben die Hand. Ich zeige mit dem Finger auf Juliane und sage laut: „Die da ist auch aus der DDR!“ Juliane brüllt in den Saal und zeigt auf mich: „Und das ist ein ganz Schlimmer! Der war bei der …“ Juliane kann den Satz nicht beenden. Mama knallt ihr eine. Im Saal ist es ganz still geworden. Nun wird Mama rot und entschuldigt sich bei Juliane.

Das Mädchen im Dirndl ist verunsichert und verteilt nur noch die Zimmerschlüssel.

Mama, Papa, Oma, Juliane und ich gehen mit unserem Gepäck zu unseren Zimmern.

Wir haben ein Dreibett-Zimmer und ein Zweibett-Zimmer bekommen. Welch ein großer Unterschied zum FDGB-Heim in Oberwiesenthal. So etwas von gemütlich hier!

Ich stelle mein Gepäck in das Zweibett-Zimmer, denn dieses Zimmer werde ich mir mit Oma Martha teilen müssen, aber Mama schickt mich und mein Gepäck wieder heraus. Sie und Papa werden dort einziehen. Oma Martha gefällt der Blick aus dem Dreibett-Zimmer besser. Das heißt, ich muss zu Oma und Juliane in das Dreibett-Zimmer umsiedeln. Das wird ein Horror-Urlaub! Die beiden werden mich fertig machen …

Vorsichtig gehe ich in das Dreibett-Zimmer. Juliane brüllt mich sofort an: „Raus!“ Nicht schon wieder, denke ich und sage zu Oma Martha: „Das ist aber schade. Ich dachte, wir beide teilen uns ein Zimmer.“ Oma tut so, als ob sie mich nicht sieht und schaut aus dem Fenster. Ich gehe zum Fenster und sage freudig: „So schöne grüne Berge hier. Bei uns gibt es so etwas nicht und wenn es das gäbe, dann wären die Berge grau.“ Oma schaut auf und sagt zu Juliane: „Nun vertragt euch wieder.“

Juliane packt hektisch ihre Tasche aus und will sich nicht mit mir vertragen. Zum Glück. Ich mich auch nicht mit ihr.

Ich sage zu Oma: „Hast du die Spielkarten eingepackt? Wir könnten doch jetzt Skat spielen.“ Oma freut sich: „Natürlich! Komm, Juliane, setz dich.“ Juliane ist weiterhin bockig und so spiele ich mit Oma „Offiziersskat“. Ich lasse Oma immer gewinnen, aber eigentlich bin ich der Gewinner in diesem Zimmer.

Wie damals im FDGB-Heim rennen alle über den Flur zum Abendbrot.

Oma lässt einfach die Spielkarten fallen. So gehen Oma, die schmollende Juliane und ich in den Speiseraum.

Hier haben wir nicht unseren eigenen Sprelacart-Tisch. Alle sitzen an langen Holztischen zusammen. Leider. Das hat mir im FDGB-Heim doch besser gefallen, denn so setzt sich Dirndl einfach neben mich und lächelt mich auch noch an.

Das Essen wird aufgetragen. Dicke Klöße und ein großes Stück vom Schwein. Ich will essen, doch ich fühle mich beobachtet. Dirndl starrt mich dauernd an. Wieder weiß ich nicht, was ich sagen soll. Diese bekloppte Situation! Ich stochere im Essen herum. Dirndl fragt mich: „Schmeckt dir unsere Brotzeit nicht?“ Ich sage: „Ja, Brot wäre mir lieber.“ Dirndl springt auf und geht zur Küche. Dabei fragt sie mich, was ich darauf haben will. Ohne nachzudenken, kommt es völlig automatisch aus meinem Mund: „Jagdwurst.“

Dirndl kommt mit einem großen Brett zu mir. Darauf liegt ein ganzes Brot und eine Riesenwurst. Sie wünscht mir einen guten Appetit. Der vergeht mir, als sie mich fragt, was denn Juliane vorhin andeutete. Wegen meiner Tätigkeit in der DDR. Ich habe Glück. Ich muss das Brett nicht leer essen. Ich kann es zu Papa herüberreichen, der immer noch Hunger hat. Leider wartet Dirndl noch auf meine Antwort. Ich sage einfach: „Na, ich bin eben bei der Volkspolizei." Dirndl schaut mich ganz komisch an. Ich erkläre ihr, dass ich kein einfacher Bulle bin, sondern bei der Kriminalpolizei arbeite. Mit dem Wort „Bulle" habe ich unsere Kommunikation begünstigt. Dirndl spricht nun von den Bullen und den Kühen auf der Alm ihres Papas.

Alle haben aufgegessen und erheben sich von ihren Plätzen. Ich will die Gelegenheit nutzen und mich gleich auf unser Zimmer verdrücken. Lieber mit Oma Karten spielen, als hier Rede und Antwort stehen zu müssen.

Oh, nein. Dirndl hält mich am Arm fest. Sie will noch etwas. Vorsichtig bittet sie mich um Hilfe. Sie erklärt mir, dass fast täglich eine Kuh von der Alm verschwindet und ich das doch, als DDR-Kommissar, aufklären könnte. Schließlich hätte sie gehört, dass wir in der DDR das beste Sicherheitssystem haben. Mir wird ganz bange. Wo habe ich mich denn da schon wieder hineingeritten? Ich sage ihr, dass ich den Fall auf jeden Fall aufklären werde, jedoch meine Kollegin dazu heranholen muss. Dirndl dankt mir im Voraus, indem sie mir einen Kuss auf die Backe gibt.

Ich renne in unser Zimmer. Juliane muss meine Kollegin werden! Schließlich kennt sie sich aus. Sie ist Lehrling für Rinderzucht.

Ich habe so ein Pech! Juliane hat sich beruhigt. Sie will nun auch mit Oma und mir Skat spielen. Die Karten liegen schon auf dem Tisch. Ich gebe alles und lasse Oma nicht mehr gewinnen. Ich gewinne fast jedes Spiel und manchmal auch zusammen mit Juliane gegen Oma Martha. Oma wirft wütend die Karten auf den Tisch: „Dann macht doch, was ihr wollt!" Oma will duschen gehen und somit sind Juliane und ich endlich allein im Zimmer.

Juliane versucht, mich nicht anzuschauen. Als ich ihr erkläre, sie könne hier im westlichen Ausland ganz groß herauskommen, lächelt sie mich vorsichtig an. Ich erkläre ihr die Situation.

Als „Leutnant Jule" und „Hauptmann Paul" verlassen wir stolz das Zimmer. Wir gehen die Treppen hinunter. Juliane sagt noch, dass wir besser ermitteln würden als Leutnant Hübner und Hauptmann Fuchs vom „Polizeiruf 110". Merkwürdig, sie hat sich das doch nie angesehen. Ich sage zu ihr: „Ganz ruhig, Genossin Leutnant." Juliane guckt mich komisch an. Ich gucke, wo Dirndl zu finden ist.

Dirndl fegt gerade die Eingangshalle. Ich stelle mich vor sie hin, nehme Haltung an und sage: „Genosse Hauptmann Paul und Genossin Leutnant Jule melden sich zum Dienst. Führen Sie uns zum Tatort." Dirndl lässt den Besen fallen und freut sich. Ich sage zu Juliane: „Jule. Hol schon mal den Wagen." Juliane überlegt. Zum Glück sagt Dirndl, dass wir zur Alm laufen können.

Wir drei gehen aus dem Hotel und laufen zur Alm. Dort stehen viele Kühe.

Wir sind am Tatort angekommen. Hier sind die Rinder alle braun, nicht wie bei uns in Faulenrost und unser Fernsehbild, nämlich schwarz-weiß. Juliane als baldige Rinderzucht-Facharbeiterin meint, dass die Kühe hier zwei längere und zwei kürzere Beine haben müssten, wenn sie den ganzen Tag am Berghang stehen.

Ich habe das Gefühl, dass uns Dirndl gar nicht richtig versteht. Sie führt uns in eine gemütliche Almhütte und erzählt uns dabei, dass sie hier im Sommer wohnt.

Dirndl holt ein großes Brett mit Brot sowie Wurst und meint, wir sollen essen. Bei diesem Anblick wird mir schlecht und Juliane geht zur Holztür. Sie will schon mal an die Arbeit gehen. Dirndl holt drei große Krüge Bier. Jetzt zögert Juliane doch noch mit dem Arbeitsbeginn. Sie und Dirndl stoßen an. Sie trinken die Biere aus. Ich frage, ob ich eine Cola bekommen könnte. Juliane nimmt meinen Bierkrug, für die Ermittlungen, mit hinaus und verschwindet. Die Holztür lässt sie auf. So sehe ich, wie sich Juliane zu den vertrauten Rinder begibt.

Dirndl hat noch eine Büchse Cola für mich gefunden und schenkt sich noch einen Krug Bier ein. Sie setzt sich zu mir und will wissen, welche Fälle ich denn schon in der DDR aufgeklärt habe. Ich vergewissere mich, dass es hier nie DDR-Fernsehen gegeben hat und so erzähle ich ihr eine „Polizeiruf 110"-Folge nach der anderen, die ich mal gesehen habe. Immer habe ich die Täter geschnappt. Dirndl ist schwer beeindruckt von meinen Heldentaten. Sie rückt immer näher an mich heran. Sie möchte noch mehr hören. Mir fällt kein „Polizeiruf 110" mehr ein. Nun versuche ich es mit „Tatort"-Episoden. Dirndl meint bald: „Du bist ja wie Schimanski!" Sie rückt mir zu nahe und legt schon den Arm um mich. Ich bin so aufgeregt und ein Glockengeräusch kommt immer näher. Dirndl streichelt mich und sagt: „Gleich kommt das braune Wunder." Ich reiße mich los und stehe auf. Dirndl sieht mich enttäuscht an. Hier in Österreich nennt man es also das „braune Wunder".

In der Holztür steht ein brauner Bulle mit einer Kuhglocke um den Hals und muht in die Hütte. Ich zucke zusammen. Dirndl lacht.

Ich verlasse die Almhütte, um mich von dem Schrecken zu erholen. Ich sehe Juliane, wie sie die wahrscheinlich fehlenden Kühe zur Herde zurücktreibt. Die Sprache, die sie dabei spricht und die hier als Echo bei mir ankommt, verstehe ich nicht. Eindeutig Know-how aus der DDR-LPG.

Ich gehe zu Juliane. Sie erzählt mir, dass sie die Tiere in einer Schlucht gefunden hat und diese so verängstigt waren, wie die LPG-Rinder kurz vorm Abtransport zum Schlachthof. Sie meint, sie wüsste schon, wie man mit den Tieren umgeht, im Gegensatz zu mir, der nicht weiß, wie man mit Mädchen umgeht. Sie sagt, sonst würde ich nicht hier bei den Kühen herumstehen.

Das lasse ich mir von meiner Schwester nicht sagen. Ich renne in die Almhütte zurück. Vor Dirndl nehme ich wieder Haltung an und melde: „Kampfauftrag ausgeführt! Die fehlenden Rinder sind der Herde zugeführt worden!"

Dirndl fällt mir um den Hals und küsst mich mehrmals auf die Stirn. Sie sagt freudig: „Du bist ein Held! Ein richtiger Held aus der DDR! Das muss ich gleich meinem Papa erzählen."

Sie möchte mich gleich zum Wirtshaus ihres Papas mitnehmen, doch ich erkläre ihr, dass ich mich noch mit meiner Kollegin zum Rapport treffen muss, um den Fall zu protokollieren.

Dirndl rennt den Berg herunter und ruft: „Vielen Dank auch an die Genossin Leutnant!" Österreich ist ein schönes Land. Die hohen Berge, die schönen Häuser, die schöne Stimme von Dirndl und das Echo hallt noch nach: „Genossin Leutnant, Genossin Leutnant."

Ich gehe wieder zu den Kühen und Juliane. Vorher pflücke ich ihr schnell eine Blume. Ich überreiche sie Juliane, bedanke mich bei ihr und nehme sie in den Arm. Wir gehen in das Hotel zurück.

Nur noch Mama ist im Hotel und sie schreibt eifrig Ansichtskarten. Sie sagt uns, dass alle ins Wirtshaus gegangen sind. Wir überreden Mama, mit uns ebenfalls ins Wirtshaus zu gehen.

Mama, Juliane und ich gehen in das Wirtshaus.

Wir machen die Tür zur Gaststube auf. Dirndl zeigt mit dem Finger auf mich. Sofort brüllen alle: „Auf die DDR!" Sie knallen ihre Bierkrüge zusammen und ziehen uns an den großen runden Tisch. Juliane, Mama und ich setzen uns an den runden Tisch. Ein Bauer ruft uns zu: „Schade, dass es die DDR bald nicht mehr geben wird!" Mama lächelt dem Bauern zu. Gleich mehrere Tiroler spendieren ihr Getränke. Nun muss Mama alle Getränke austrinken und fängt vorsichtig damit an. Papa bestellt sich das nächste Bier und ich mir eine Cola. Dirndl hebt ihren Bierkrug Richtung Juliane und ruft ihr zu: „Auf di! Genossin Leutnant und worauf trinkt man bei euch?!" Juliane setzt den Bierkrug an und sagt: „Auf Frieden und Sozialismus!" Ich halte Juliane den Mund zu und sage: „Schrei es doch noch lauter in den Saal." Dabei grinse ich sie an. Oma Martha ist gar nicht zum Grinsen zumute. Sie stellt verärgert den Kräuterlikör auf den runden Tisch: „Ich habe mir den Urlaub ganz anders vorgestellt!" Die Tiroler erheben ihre Bierkrüge und brüllen: „Auf Frieden und Sozialismus!"

Papa singt laut „Völker hört die Signale. Auf zum letzten Gefecht." Die Tiroler stehen alle auf, erheben ihre geballten Fäuste und stimmen mit ein: „Die Internationale erkämpft das Menschenrecht." Mehr Text können sie nicht und hauen nun wieder ihre Bierkrüge zusammen. Dabei brüllen sie: „Auf Frieden und Sozialismus!"

Mama hat das letzte Getränk ausgetrunken. Sie erhebt sich und singt die DDR-Nationalhymne: „Auferstanden aus Ruinen …" Oma Martha guckt so böse wie noch nie. Vor der

Reise war keine Bedingung daran geknüpft, ob Mama so etwas singen darf oder nicht. Die Tiroler kennen auch diesen Text nicht besonders gut und versuchen irgendwie mitzugrölen: „und der Zukunft zugetankt."

Oma Martha steht wütend auf und will Juliane mitnehmen. Doch Juliane will nicht. Sie will lieber feiern. Oma Martha verlässt bitterböse das Wirtshaus und schimpft: „Euch lade ich nie, nie wieder zum Urlaub ein!!!"

Es dauert nicht lange und Mama bittet uns, ins Hotel zurückzugehen. Ihr ist schlecht. Nachdem Papa seinen letzten Bierkrug ausgetrunken hat, verlassen Mama, Papa, Juliane und ich das Wirtshaus.

Wir laufen zum Hotel. Juliane hat sich bei mir eingehakt und singt lautstark. Aus den Bergen hallt das Echo: „Drum links zwei drei, drum links zwei drei, wo dein Platz Genosse ist ... Genosse ist ... Genosse ist ..." Meine Schwester. Ich erkenne sie gar nicht wieder. Mama meint: „Unser Platz ist jetzt erst einmal im Hotel."

In unserem Hotelzimmer hat sich Juliane gleich ins Bett gelegt und ist sofort eingeschlafen. Ich kann nicht einschlafen. Oma Martha schnarcht lauter als es überhaupt geht. Wahrscheinlich hat sie nach diesem Erlebnis schlimme Träume. Ich drehe mich hin und her. Unter dem schönen Geläute der Kuhglocken muss ich doch endlich einschlafen können. Oma Martha wird sogar noch lauter. Nun schimpft sie im Schlaf: „Ihr elenden roten Socken!" Ich drücke mir das Kopfkissen auf dic Ohren. Juliane hat es gut. Sie schläft schön ihren Rausch aus. Jetzt könnte es mit dem Einschlafen auch bei mir klappen! Oma schnarcht in gleichmäßigem Takt. Na, endlich. Nein! Sie flucht schon wieder im Schlaf: „Es geht so nicht weiter in der Zone! Chrch, chrch. Nieder mit den Stalinisten! Chrch, chrch, pfff. Verjagt das rote Pack!!!"

Ich renne aus dem Hotel. Ich laufe zur Alm. Die Holztür zur Almhütte steht immer noch offen.

Dirndl liegt auf dem Bett. Ich setze mich zu ihr und will sie fragen, ob ich hier schlafen darf. Dirndl ist schneller und sagt, dass ich mich zu ihr legen soll. Wir können dann gemeinsam das „braune Wunder" erleben. Wieder zucke ich zusammen. Hier kann ich auch nicht bleiben. Noch ehe mir einfällt, was hier das „braune Wunder" ist, legt sich das „braune Wunder" in den Türrahmen der Almhütte und ich mich zu Dirndl ins Bett.

Dirndl kuschelt sich an mich. Ich bin so aufgeregt! Zum Glück schläft Dirndl in meinem Arm gleich ein.

Ich würde auch gern einschlafen, wenn da nicht auf der Alm die Kühe so herumbimmeln würden und das „braune Wunder" nicht so laut schnarchen würde.

Ich streichle Dirndls, nach Bier, Bergkuhfladen und Tiroler Voralpenluft riechendes Haar und sage ihr leise ins Ohr:

„Gute Nacht!"

Hauptmann Loregang und die DDR-Altlasten, September 1990

Nun hat Papa auch immer Ferien. Er ist ebenfalls arbeitslos geworden. Mama stört das am meisten. Ständig steht oder sitzt Papa ihr beim Putzen im Weg. Wenn sich Papa wenigstens in den „Faulenroster Hof" zurückziehen könnte. Doch seit der Einführung der Westbiere und der Westpreise ist dort kaum noch ein Bauer hingegangen. So musste die Kneipe dicht machen. Apropos „dicht machen". Unser Konsum hat nun auch für immer Ferien. Jetzt fahren Papa und Mama immer einmal in der Woche zum Großeinkauf in die Neubrandenburger HO-Kaufhalle. Allerdings ist da nichts mehr mit „HO". Eine Hamburger Ladenkette hat die Kaufhalle übernommen. Übernommen haben sie mich nun auch in die 10. Klasse, dank Herrn Kleinschmidts Versprechen im GST-Lager.

Wenn Papa und Mama immer freitags in Neubrandenburg groß einkaufen, holen sie mich gleich von der Schule ab. Das ist ungünstig, denn so muss ich auch bis zur letzten Unterrichtsstunde in der Schule bleiben. Im Moment ist das noch ganz gut so. Noch haben wir die DDR und da ist Schulschwänzen unter Strafe verboten.

Es läuft gerade die letzte Unterrichtsstunde am Freitag. Wir haben Geschichte. Am Ende der 9. Klasse waren wir am Ende des Zweiten Weltkrieges. Inzwischen sind wir schon bis zum Jahr 1946 vorgedrungen. Herr Kleinschmidt umreißt sehr knapp die Gründung der SED. Einige Schüler haben sich einen Spaß erlaubt. Sie haben ihre alten Staatsbürgerkunde-Hefter mitgebracht. Früher hat Herr Kleinschmidt bei uns Staatsbürgerkunde vertreten, wenn Frau Bindesleben Haushaltstag hatte oder krank war. Herr Kleinschmidt hat dann immer minutenlang, ohne Luft zu holen, von der SED geschwärmt. Danach hat uns Herr Kleinschmidt immer minutenlang, ohne dass wir den Füller niederlegen durften, Texte von der SED aufschreiben lassen.

Jetzt wollen unsere Spaßvögel, dass Herr Kleinschmidt noch einmal genauer erklärt, was sie da aufgeschrieben haben. Doch Herr Kleinschmidt meint, dass heute einer der letzten schönen Spätsommertage sei und wir deshalb vorzeitig nach Hause gehen dürften.

Alle in unserer Klasse halten sich an die Absprache, die wir in der Pause getroffen haben. Wir packen unser Zeug zusammen und stellen uns stramm neben die Schulbank. Es ist ganz still. Herr Kleinschmidt sagt: „Na, wollt ihr denn nicht nach Hause gehen?“ Olaf sagt: „Herr Kleinschmidt ... der Gruß ...“

Herr Kleinschmidt tut so, als ob er es nicht gehört hat und packt auch sein Zeug zusammen. Wir stehen immer noch stramm neben unseren Schulbänken.

Cornelia geht nach vorn und ruft den FDJ-Gruß „Freundschaft!“ Alle murmeln gelangweilt vor sich hin: „Freundschaft.“ Cornelia tritt an Herrn Kleinschmidt heran und erhebt ihre Hand zum Pioniergruß: „Die Thälmannpioniere der Ernst-Thälmann-Oberschule danken dir, lieber Genosse Kleinschmidt, für das verlängerte Wochenende.“ Herr Kleinschmidt weiß gar nicht, wie er gucken soll. Cornelia setzt noch einen drauf. Sie dreht sich zur Klasse um und ruft: „Für Frieden und Sozialismus! Seid bereit!“ Die Klasse antwortet: „Immer bereit.“

Herr Kleinschmidt geht verärgert zur Tür. Er dreht sich noch einmal zu uns um: „Nächste Woche schreiben wir eine Klassenarbeit. Da wird euch so einiges vergehen.“ Olaf lächelt: „Oh ja, bitte. Bitte über die Gründung der DDR. Da haben Sie uns so unendlich viel Wissen vermittelt." Herr Kleinschmidt knallt die Tür hinter sich zu.

Jetzt habe ich den Salat. Ich stehe vor der Schule und muss auf Papa und Mama warten. Eigentlich hätten wir noch eine halbe Stunde Unterricht. Wenn ich gehe, denken sie, ich hätte geschwänzt. Also warte ich. Vielleicht kommen sie ja früher. Ich höre dem Straßenverkehr zu, in der Hoffnung, bald den Trabant von Papa zu hören. Vor einem Jahr noch hätte ich ständig denken müssen, den Trabant von Papa zu hören. Das Geräusch ist schon seltener geworden. Viele Leute haben sich inzwischen ein Westauto gekauft.

Endlich kommen Papa und Mama. Der Trabant ist so voll gepackt, dass ich gerade noch ein Plätzchen auf der Rückbank finde. Das Auto ist gefüllt mit Billig-Angeboten und Büchsen. Papa ist nun auch auf Dosenbier umgestiegen.

Wir fahren nach Faulenrost.

Mama fragt mich, was wir in der Schule durchgenommen hätten. Ich sage ihr, dass wir die Gründung der SED durchgenommen haben. Mama und Papa gucken sich komisch an. Richtig komisch schauen sie, als ich ihnen sage, dass wir in der nächsten Woche eine Klassenarbeit über die Gründung der DDR schreiben werden.

Noch komischer schauen sie, als wir in Faulenrost angekommen sind.

Unser Neubaublock ist von Männern in Schlips und Anzug umlagert. Einige fotografieren unseren Neubaublock von allen Seiten. Papa kann nicht auf den Hof fahren. Die Einfahrt ist mit schicken Autos zugestellt, die westdeutsche Kennzeichen haben. Verunsichert steigen wir drei aus dem Trabant.

Ein Schlipsmann zeigt auf unser Kellerfenster und sagt zu den anderen: „Wenn wir hier die fünfte Sprengladung anbringen, müsste das Haus in einer Minute in sich zusammenkrachen." Eine aufgetakelte Frau steht auf unserem Hof und freut sich. Rückwärts läuft sie in Mamas Radieschenbeete hinein und ruft ihren Männern zu: „Genau so werden wir die Hütte in die Luft jagen!" Dabei zeigt sie genau auf unsere Wohnung. Mama rennt wütend auf die Frau zu und zieht sie energisch aus den Radieschen. Über sich selbst erschrocken, entschuldigt sich Mama sofort. Die Alte gibt Mama die Hand und stellt sich vor: „Frau Goldmann aus München."

Papa ermahnt Mama, dass sie die Frau doch nicht so behandeln könne.

Frau Goldmann stellt sich vor Papas Garage und ruft ihren Männern zu: „Wie viel Sprengladungen brauchen wir, um diesem Teil ‚Auf-nimmer-Wiedersehen' zu sagen?!" Nun wird Papa wütend und rennt auf Frau Goldmann zu. Der Bauer, der unter uns wohnt, hält Papa gerade noch fest. Papa kann sich kaum beruhigen und will wissen, was hier gespielt wird. Der Bauer, der über uns wohnt, erklärt Papa, dass Frau Goldmann die Alteigentümerin dieses Grundstückes sei und ihr das Grundstück zurückübertragen werden soll.

Papa läuft auf Frau Goldmann zu: „Guten Tag! Sie sind also die neue Vermieterin. Wir zahlen immer pünktlich unsere Miete. Na denn, auf gute Zusammenarbeit!" Papa reicht Frau Goldmann seine dicke, von LPG-Arbeit gezeichnete Hand. Frau Goldmann drückt diese vorsichtig und sagt: „Sie werden doch sicherlich woanders eine schönere Wohnung bekommen. Der Block verschwindet von meinem Grundstück." Papa reißt sich von Frau Goldmann los. Diese befielt ihren Männern zum Hotel nach Stavenhagen aufzubrechen. Messlatten und Fotoapparate werden in die Autos gepackt.

Ein Schlipsmann ist noch immer beschäftigt. Er malt dicke schwarze Kreuze an unseren Wohnblock dorthin, wo die Sprengladungen gesetzt werden sollen. Frau Goldmann ruft ihm zu: „Das genügt! Der Sprengstoff muss noch für diese komische Ernst-Thälmann-Oberschule in Neubrandenburg reichen. Steht auch auf einem meiner Grundstücke!" Ich freue mich. Frau Goldmann bemerkt es und lächelt mich an: „Sie können mich also verstehen, junger Mann."

„Jaa, jaa", sage ich zu ihr.

Papa und Mama gehen mit hängenden Köpfen die Treppen hinauf. Ich laufe ihnen nach. In unserer Wohnung weint Mama nur noch und Papa öffnet sich ein Dosenbier. Es klingelt immer wieder an unserer Wohnungstür. Nach und nach kommen die übrigen Hausbewohner in unser Wohnzimmer. Papa bringt immer mehr Dosenbier und sie beraten, wie man Frau Goldmann davonjagen kann. Ich bin geteilter Meinung. Die Sprengung von unserer Schule finde ich gut. Die von unserem Wohnblock weniger. Ich muss unseren Wohnblock retten!

Es ist Abend. Ich gehe in den Zentralclub 1972. Udo Lindenbergs ganz neue Schallplatte wird gerade gespielt. Jetzt darf man das und es werden hier monatlich 99,9 Prozent Westmusik sowie vielleicht gerade mal 0,1 Prozent Ostmusik gespielt.

Der Zentralclub 1972 ist nicht mehr so voll wie früher. Auch die Gäste sind nicht mehr so voll wie früher. Das liegt an den höheren Eintritts- und Getränkepreisen.

Ich hole mir eine Cola und setze mich zu Nolle, Vokuhila und Juliane an den Tisch. Ihnen erzähle ich, was ich heute Nachmittag miterleben musste.

Nolle hat sofort einen Plan. Während Udo Lindenberg von der bunten Rcpublik Deutschland singt, erklärt uns Nolle seinen Plan.

Wir vier verlassen den Zentralclub 1972.

Vokuhila fährt mich auf seinem Moped nach Stavenhagen.

In Stavenhagen gehe ich in die Hotelgaststätte. Dort sitzt auch schon Frau Goldmann mit ihren Männern. Mutig und entschlossen gehe ich auf sie zu. Ich höre noch, wie draußen Vokuhila sein Moped startet und er nach Faulenrost zurückfährt. Frau Goldmann erkennt mich gleich wieder und bittet mich an ihren Tisch. Ich erkläre ihr, dass an ihrem Grundstück in Faulenrost etwas faul sei. Beiläufig teile ich ihr mit, dass an ihrem Grundstück in Neubrandenburg das nicht der Fall sei. Ich überzeuge Frau Goldmann, sich noch einmal in Faulenrost umzuschauen. Sie möchte, dass ich warte, bis sie aufgegessen hat. Umso besser!

Ich fahre mit Frau Goldmann und ihrem Chauffeur im Mercedes nach Faulenrost.

Wir halten wieder in unserer Hofeinfahrt. Sofort steigt Frau Goldmann aus und klammert sich verängstigt an ihrem Mercedes fest. Ich stelle mich zu ihr.

Sie kann ihren Augen überhaupt nicht trauen. Ich meinen aber auch kaum, wenn ich sehe, welche Show Nolle in der kurzen Zeit aufgezogen hat.

Der dunkle Hof ist ganz unheimlich mit alten Bauscheinwerfern ausgeleuchtet. Papa und die anderen Bauern aus unserem Neubaublock haben ihre LPG-Seuchenschutzanzüge an und sind bis obenhin zugeschnürt, sodass Frau Goldmann sie nicht erkennen kann.

Ich erkenne sie auch nur noch an ihrem Gang nach dem fünften Dosenbier. In diesem düsteren Licht rollen Papa und die Hausbewohner unsere Mülltonnen vom Anhänger des Traktors in den Keller. Vokuhila hat sich sogar eine Schutzmaske aufgesetzt und trägt die Benzinkanister aus Papas Garage in den Keller.

Vokuhila lässt einen Kanister fallen. Nolle brüllt ihn an: „Passen Sie doch auf! Oder wollen Sie uns alle vergiften?!“

Vokuhila sagt dumpf durch seine Schutzmaske: „Ist ja schon gut, Chef.“

Frau Goldmann fragt mich, was hier gespielt wird. Ich sage ihr, dass hier gar nichts gespielt wird. Ganz ruhig erkläre ich ihr, dass das hier schon seit Tagen so passiert.

Juliane kommt aus dem Neubaublock. Sie hat sich ganz schick herausgeputzt! Wahnsinn. Nolle geht mit einem Hefter auf Juliane zu und sagt ganz laut: „Unterschreiben Sie hier unten, dass wir die sechste Lieferung Chemierückstände aus Bitterfeld in Ihrem Haus eingelagert haben." Jetzt wird Frau Goldmann furchtbar sauer und rennt auf Juliane zu: „Von wegen Ihr Haus! Das ist mein Grundstück!" Nolle wendet sich zu Frau Goldmann:

„Wenn das Ihr Grundstück ist, dann unterschreiben Sie bitte, dass wir die Altlasten aus der DDR bei Ihnen eingelagert haben." Nolle reicht ihr den Kugelschreiber. Frau Goldmann schreit ihn an: „Räumen Sie das Zeug sofort wieder auf ihren Wagen dort!"

Jetzt kommt mein Einsatz.

Ich gehe zu Mamas Radieschenbeet, pflücke mir ein paar Radieschen, gehe wieder zu Frau Goldmann und beiße in ein Radieschen hinein. Nolle schlägt es mir aus der Hand und brüllt mich an: „Sind Sie denn wahnsinnig geworden oder wollen Sie es vielleicht demnächst werden?! Unter der Erde lagern die Reste von den Leuna-Werken aus dem Jahr 1978!" Theatralisch mime ich, wie mir plötzlich schlecht wird und falle zu Boden.

Frau Goldmann brüllt: „Runter von meinem Grundstück!" Ich sollte an dieser Stelle noch etwas sagen, doch Frau Goldmann schreit: „Raus!" Das kann ich nun wirklich nicht mehr hören.

Auf einmal gehen die Hälfte der Baulampen aus und es wird noch finsterer. Papa ruft aus dem Keller: „Chef! Leitung zwei ist durchgeätzt!"

Plötzlich kommt eine Schwalbe auf den Hof gefahren. Das gehört nicht zu unserer Inszenierung. Hauptmann Loregang steigt ab und will wissen, was hier los ist. Im Liegen sehe ich nur noch, wie Nolle die Hände über den Kopf zusammenschlägt und meint: „Nun ist alles aus."

Frau Goldmann rennt auf Hauptmann Loregang zu und sagt: „Gott sei Dank. Endlich Polizei." Hauptmann Loregang holt seinen Notizblock heraus und fragt ganz ruhig: „Gudden Toch, noch Deutsche Volkspolizei, Hauptmann Loregang, was haben wir denn falsch gemacht?" Frau Goldmann antwortet: „Auf meinem Grundstück werden Chemierückstände eingelagert."

Hauptmann Loregang schreibt es auf seinen Notizblock und spricht vor sich hin: „Geständnis. Grundstücksbesitzerin gibt zu, Chemierückstände einzulogern." Frau Goldmann muss nun ihren Personalausweis vorzeigen. Hauptmann Loregang schüttelt den Kopf: „Ach was, jetzt lassen Sie sisch als Wesddeutsche unseren Müll bringen und kassiern dabei heftig Knete ab. Mir soll's recht sein. Hab gehört, dass es jahrelong umgedreht so war." Für Hauptmann Loregang scheint der Fall abgeschlossen zu sein. Er startet seine Schwalbe und fährt vom Hof.

Alle müssen ab jetzt improvisieren. Nolle brüllt: „Los, Männer! Nichts wie weg hier! Jetzt hat uns die Polizei auf dem Kieker! Das kann hohe Strafen bedeuten!"

Die Hausbewohner rennen alle auf den Hänger. Papa startet den Traktor. Vokuhila kommt noch angerannt: „Nehmt mich mit zurück nach Bitterfeld!"

Nolle schreit vom Hänger: „Hau ab! Du hast das Zeug angefasst! Du verseuchst uns noch alle!"

Vokuhila fällt nun auch zu Boden, schreit erbärmlich und juckt sich überall.

Frau Goldmann will schnellstens in ihren Mercedes einsteigen, doch Juliane hält sie am Arm fest. Juliane sagt ganz hektisch: „Wenn Sie tatsächlich die Eigentümerin sind, so helfen Sie mir doch. Ich will nicht länger für die Altlasten der DDR zuständig sein."

Frau Goldmann sagt laut und deutlich: „Ich kenne dieses Grundstück nicht!" Frau Goldmann reißt sich angeekelt von Juliane los und will zum Mercedes laufen. Ich stehe auf und klopfe ihr auf die Schulter. Sofort schreit sie mich an: „Stecken Sie mich nicht an!" Ich beruhige Frau Goldmann und erkläre ihr, dass Abhauen so einfach nicht geht, wenn die Polizei schon gegen sie ermittelt.

Frau Goldmann rennt zu ihrem Chauffeur. Sie diktiert ihm ein Schriftstück, in dem sie beteuert, dass sie dieses Grundstück nie besessen habe. Frau Goldmann unterschreibt es und will es mir überreichen. Geschafft, denke ich und will es entgegennehmen. Sofort brüllt mich Frau Goldmann an: „Bleiben Sie auf fünf Meter Abstand! Ich werfe es Ihnen zu!"

Sie faltet hastig aus dem Schriftstück einen Papierflieger und schießt mir diesen zu. Ich hebe den wertvollen Flieger auf und sage zu ihr: „Ich will Ihnen noch den Weg zur Ernst-Thälmann-Oberschule nach Neubrandenburg erklären." Doch Frau Goldmann winkt ab: „Lassen Sie mich in Ruhe. Wahrscheinlich lagern dort die Altlasten der russischen Atomkraftwerke von Moskau bis Tschernobyl."

„Ganz bestimmt nicht", sage ich, während Frau Goldmann in den Mercedes einsteigt. Bevor Frau Goldmann die Autotür schließt, ruft sie: „Ich kenne keine Schule in Neubrandenburg!" Das Auto fährt davon.

Leicht enttäuscht stehe ich, mit dem wichtigen Papierflieger in der Hand, auf unserem finsteren Hof. Die schicke Juliane nimmt mich an die Hand: „Noch ein Jahr Schule und du hast es auch geschafft." Vokuhila erhebt sich vom Boden und greift nach der anderen Hand von Juliane.

Zu dritt laufen wir zum Radieschenbeet von Mama. Wir essen die letzten Radieschen auf.

Papa kommt mit dem Traktor und dem Hänger zurück auf den Hof. Stolz überreiche ich ihm das Schriftstück. Vokuhila verabschiedet sich von Juliane. Sie bedankt sich bei ihm für die hervorragende Leistung als Schauspieler.

Juliane, Papa und ich gehen in den Neubaublock. Wir gehen die Treppen hinauf in unsere Wohnung. Mama putzt gerade das Bad. Wir drei stehen in der engen Tür vom Bad und Mama schluchzt: „Unser Bad soll wenigstens sauber gesprengt werden."

„Wir bleiben hier", sagt Papa und geht in die Küche zum Kühlschrank.

Juliane geht in das Wohnzimmer und schaltet den Fernseher ein. Sie setzt sich auf das Sofa und ich setze mich zu ihr. Juliane umarmt mich und meint, dass ich uns gerettet hätte.

Fast schlafe ich ein. Ich streichle Julianes, nach Westshampoo und nach Osthaarspray riechendes Haar und sage ihr leise ins Ohr:

„Gute Nacht!"

Oma Martha und die Wiedervereinigung, Oktober 1990

Mama putzt wieder. Ich entwende ihr schnell den Besen. Apropos „Wende“. Ich muss noch einen Aufsatz schreiben. Einen Aufsatz darüber, wie ich die Wende erlebt habe, verschiebe ich. Ich fege unser Treppenhaus. Dann fege ich unseren Hof. Nun fege ich den gesamten Weg bis zur Bushaltestelle. Hauptmann Loregang fährt auf seiner Schwalbe an mir vorbei und winkt mir wohlwollend zu. Nolle fährt auf seiner Simson an mir vorbei und zeigt mir einen Vogel. Ich fege auch noch das Häuschen von der Bushaltestelle aus. Geschafft!

Ich gehe wieder nach Hause. Mir verbleibt noch Zeit. Um mein Zimmer muss ich mich nicht mehr kümmern. Es ist so aufgeräumt wie noch nie. Ich werde die Zeit nutzen und im Schnellverfahren den Aufsatz schreiben.

Was soll ich denn da jetzt aufschreiben? Das würde ja Tage und Nächte dauern, wenn ich alle meine Wendeerlebnisse aufschreibe. Ich muss mich für ein Erlebnis entscheiden. Nehme ich die Demonstration in Leipzig oder die Traktor-Fahrt nach Hamburg? Vielleicht sollte ich lieber schreiben, wie wir einen neuen Grenzübergang nach Westberlin geschaffen haben oder wie Papa die Verträge zur Aufbauhilfe Ost abgeschlossen hat. Bestimmt kommt es ganz gut an, wenn ich beschreibe, wie wir den großen Angeber Herrn Liebezeit aus Hannover aus dem Dorf gejagt haben oder den Klassenfeind im GST-Lager besiegt haben. Ich habe zu viel Wende erlebt. Ich schaffe es nicht!

Da kommt mir die Idee! Meine neue Lehrerin hat auch gleich herausgefunden, welch enorme Rechtschreibschwäche ich habe. Ich nehme den Tintenkiller und ändere die Eintragung in meinem Hausaufgabenheft. Aus „Wende“ mache ich „Wände“ und fange sofort an, darauf loszuschreiben, wie ich meine Wände erlebe. Das geht ganz schnell. An meinen Wänden hängen Poster. An einer Wand hängt noch der Kalender von 1989. Da habe ich den 9. November unterstrichen. Da war mir Cornelia ganz nahe. Das kann ich so nicht schreiben. Vielleicht muss ich den Aufsatz vor der ganzen Klasse vorlesen? Also anders: Da haben sie die Grenze nach Westberlin und Westdeutschland aufgemacht. Super! Somit habe ich das Thema nicht ganz so verfehlt. In der anderen Wand ist das Fenster. Mit diesem reguliere ich die Heizung. Wird „regulieren“ vielleicht anders geschrieben? Das würde wieder Punktabzug bedeuten. Egal, ich muss fertig werden. In der nächsten Wand befindet sich die Tür.

In dieser steht gerade Juliane. Sie fragt mich, ob ich nicht losgehen möchte. Stimmt, es ist soweit. Ich packe den fertigen Aufsatz in meine Schultasche.

Schnell ziehe ich mir meine Jacke über und renne zur Bushaltestelle. Ich bin so aufgeregt! Da kommt auch schon der Bus. Hätten wir doch bloß kein Telefon, dann wäre diese Verabredung nicht zustande gekommen.

Der Bus hält an. Dirndl steigt aus. Sie umarmt mich und mein Herz pocht. Dirndl schenkt mir einen Strauß Alpenveilchen. Sie riecht wunderbar nach Edelweiß und sieht genauso wunderbar aus. Wahnsinn. Ich habe sie wohl zu lange angeschaut. Dirndl fragt mich etwas verunsichert, ob etwas sei. Ich stottere: „Herzlich Willkommen in der DDR.“

Wir gehen zu unserem Neubaublock. Da hat doch so ein Heini eine leere Zigarettenschachtel auf meinen gefegten Gehweg geworfen. Ich trete diese zur Seite. In Österreich war alles wie geleckt. Ich will nicht, dass Dirndl schlecht über unsere DDR denkt.

Zu Hause angekommen, freuen sich Papa, Mama und Juliane ganz besonders, Dirndl wiederzusehen. In unserer Wohnung kann sich Dirndl ruhig umschauen. Diese ist geleckter als ganz Österreich – dank Mama. Dirndl gibt mir einen Kuss auf die Backe und meint, dass sie mich lieb hat. Ich spüre, wie ich rot anlaufe. Jetzt greift sie auch noch nach meinen Händen. Papa rettet mich! Er fragt Dirndl, ob sie erst einmal ein Bier trinken will und geht mit ihr in die Küche.

Ich will ins Bad gehen und nachsehen, wie ich aussehe. Der Spiegel ist besetzt. Juliane steht davor und macht sich für die Feier im Zentralclub 1972 zurecht. Wahnsinn.

Da klingelt es an der Wohnungstür. Es sind Nolle und Maria. Nolle wundert sich, dass ich noch nicht zu ihm gekommen bin. Ich erkläre ihm, dass das Mädchen aus Österreich hier sei, von dem ich ihm so viel erzählt habe und dass ich deshalb hier nicht weg kann. Nolle sagt, dass er mich abholen will. Ich sage ihm, dass die Feier im Zentralclub 1972 doch erst später losgeht. Nolle will mit mir zum Pfarrhaus gehen, weil dort eine große Überraschung für mich bereit steht.

Ich bin neugierig, außerdem kann ich Nolle immer noch nicht widersprechen. Also überzeuge ich mich, dass Dirndl weiter mit Papa in der Küche Bier trinken will.

Nolle, Maria und ich gehen zum Pfarrhaus.

Vor dem Pfarrhaus stehen Typen, die ich kenne. Ich überlege kurz. Dann fällt es mir ein. Es sind die Bremer von damals. Sofort kombiniere ich, dass die Überraschung „Fannie“ heißt.

Das wird mir eindeutig zu viel. Das halte ich nicht aus. Ich will sofort umkehren. Fannie kommt auch schon aus dem Pfarrhaus gerannt: „Paul! Komm herein!“

Ich sage zu Fannie: „Ich habe mich vom Glauben abgewandt und nun darf ich da nicht mehr rein.“

Herr Lindenblatt steht in der Tür: „Unser Haus steht für jeden offen. Also komm herein, mein Sohn!“ Nolle schiebt mich in das Pfarrhaus.

Im Gemeindesaal angekommen, umarmt mich Fannie: „Nun lass dich erst einmal drücken, Paul. Ich habe so oft an dich gedacht.“ Mein Herz pocht. Ich bin so aufgeregt. Nolle grinst aus dem Hintergrund. Ich bin eindeutig überfordert. So sage ich zu Fannie: „Ich bin es nicht würdig, mich in diesen Gemäuern aufzuhalten. Ich habe schwer gesündigt. Ich muss jetzt gehen.“

Dennoch will mich Fannie nicht gehen lassen. Sie sagt, dass jeder einmal sündigt und sie mich trotzdem lieb hat. Sie gibt mir einen Kuss auf die Backe, genau dorthin, wo vor einer Viertelstunde Dirndls Kuss gelandet ist. Ich muss die Notbremse ziehen und sage laut: „Es ist noch gar nicht lange her, da habe ich auf deine Landsleute schießen lassen!“ Na, endlich. Herr Lindenblatt brüllt, mit vollem Organ: „Raus!!“

Ich verlasse das Pfarrhaus.

Fannie ruft mir nach: „Sag, dass das nicht wahr ist! Du lügst doch!“ Im Weglaufen schreie ich: „Doch es ist wohl wahr und mit solchen Banditen wie mir wollt ihr euch heute um Mitternacht wiedervereinigen!“

Ich renne den Weg zurück. An der Bushaltestelle hält gerade ein Bus. Cornelia steigt aus und fällt mir um den Hals. Sie gibt mir auf die berüchtigte Backe einen dicken Kuss und meint, dass sie die deutsche Wiedervereinigung heute Nacht mit mir erleben will. Ich sage zu Cornelia, dass sich hier in diesem Dorf Faulenrost gerade zwei Mädchen aufhalten, die mich lieb haben und mich innerhalb von zwanzig Minuten dahin geküsst haben, wohin sie mich gerade geküsst hat. Cornelia läuft weinend davon.

Ich gehe in unsere Wohnung zurück.

In der Küche sitzen immer noch Papa und Dirndl. Dirndl schaut mich gar nicht an. Sie rückt einen halben Meter von mir weg, als ich mich zu ihr setze. Ich will wissen, was los ist. Dirndl spricht nicht mit mir. Papa öffnet ein neues Dosenbier und erklärt es mir. Dirndl ist sauer, weil ich sie in Österreich angelogen habe. Inzwischen hat sie mitbekommen, dass ich kein Kriminalist bin und Juliane nicht meine Kollegin, sondern meine Schwester ist. Sie findet das alles gar nicht schlimm. Schlimm ist für sie nur, dass ich so ein Lügner bin. Ich will ihre Hand nehmen, doch sie führt diese zur Bierdose und will sich nur mit Papa unterhalten.

Mama kommt in die Küche und sagt, dass Oma Martha am Telefon sei. Oma wünscht, dass wir bei ihr zu Hause in die deutsche Wiedervereinigung reinfeiern. Papa schüttelt sofort den Kopf und Mama dann auch. Mama geht zum Telefon zurück und legt bald auf.

Ich gehe aus der Küche. Jetzt brauche ich jemanden zum Reden und gehe in Julianes Zimmer. Sie schmust gerade mit Vokuhila auf ihrem Sessel herum und brüllt mich an: „Raus!"

Ich gehe aus unserer Wohnung und aus unserem Neubaublock hinaus auf die Straße. Heute ist nicht nur die DDR am Ende, sondern ich bin es auch. Kopflos laufe ich die Dorfstraße entlang. Die Dorfstraße heißt erst seit kurzer Zeit „Dorfstraße". Vorher hieß sie „Ernst-Thälmann-Straße". Man hat sie einfach umbenannt, aber das ist mir jetzt so egal. Ich spucke auf meinen gefegten Gehweg und dann noch einmal in mein geputztes Bushaltestellenhäuschen.

Es ist dunkel geworden. Am ehemaligen „Faulenroster Hof" steht ein Schild: „Hier entsteht demnächst ein Chinarestaurant". Sollen die nur machen. Was mache ich nur mit mir? Ich laufe weiter, vorbei am Sportplatz „7. Oktober". Der

7. Oktober war immer ein sehr schöner Tag. Da hatten wir stets schulfrei, weil es der Gründungstag der DDR war.

Nun habe ich eben schon morgen am 3. Oktober schulfrei, weil es der Tag der deutschen Einheit werden wird.

Was sehe ich da? Man hat aus dem Namensschild, am eisernen Eingangstor vom Sportplatz, einfach die „7" herausgeschweißt und dafür eine „3" hineingeschweißt.

Ich klingle am Haus von Oma Martha. Oma freut sich riesig über meinen Besuch. Ich sage ihr, dass ich mit ihr den letzten Abend der DDR verbringen will. Oma freut sich zwar darüber, aber möchte „DDR" nicht mehr hören. „In die deutsche Wiedervereinigung feiern", soll ich sagen.

Ich setze mich an den Tisch, über dem das düstere Licht der Stehlampe scheint. Oma holt eine Flasche Likör und gießt uns beiden jeweils ein Gläschen ein. Sie trinkt dann beide aus, weil ich lieber den selbst gemachten Kirschsaft von Oma trinke. Cola hat sie noch nie gehabt.

Oma Martha guckt auf die riesige Standuhr. Es kommt mir vor wie Silvester. In drei Stunden ist die DDR, nun auch offiziell, zu Ende. Es wird wieder ein Deutschland geben.

Oma erzählt mir, wie es damals war, als sich in der Nachkriegszeit 1949 zwei deutsche Staaten gebildet haben. Zum ersten Mal gibt sie zu, dass die DDR für sie damals als junge Frau auch Sicherheit bedeutet hat. Sie erzählt, wie sie in dieser Zeit, als Mutter von Mama, von Tante Gerdi, von Tante Heidi und von den anderen Tanten, keine Angst haben musste, arbeitslos oder obdachlos zu werden.

Dann wiederum erzählt sie, wie schwierig es in der DDR war. Von den unmöglichen Zuständen, in denen sie es dennoch schaffen musste, ihr Haus instand zu halten und von den Ängsten, die sie hatte, wegen ihrer Abneigung gegen das DDR-Regime. Oma erzählt mir vieles über die DDR und die

BRD. Inzwischen trennen uns nur noch zwei Stunden von deren Vereinigung. Ich will noch mehr wissen, vor allem, wie es in zwei Stunden weitergehen wird. Oma meint, dass ich das Beste aus der bevorstehenden neuen Zeit machen solle, Mama sowie Papa wieder Arbeit finden müssen und wir jetzt noch Karten spielen könnten. Wir spielen Offiziersskat.

Im großen Uhrschrank schlägt es zur letzten Stunde der DDR.

Wir spielen gemütlich weiter. Mal gewinnt Oma, mal ich.

Noch zwanzig Minuten bis zur neuen Zeit. Oma füllt wieder die zwei Likörgläser. Sie besteht darauf, dass ich um Mitternacht mit ihr auf das vereinigte Deutschland anstoße. Ich bestehe darauf, dass Oma noch mit mir in den Zentralclub 1972 geht und wir dort, mit allen anderen Faulenrostern, die Wiedervereinigung feiern. Oma zieht sich ihren Mantel an.

Wir beide gehen in den Zentralclub 1972.

Der Zentralclub 1972 ist noch voller als je zuvor. Ganz Faulenrost und Gäste sind hier versammelt. Oma bahnt sich energisch ihren Weg durch die Menge. Sie geht zu Mama und Papa an den Tisch.

Ich drängle mich zum Tresen vor. Dort angekommen, bestelle ich mir eine Cola. Dirndl stellt sich an meine rechte Seite und bestellt sich ein Bier. Fannie stellt sich an meine linke Seite und bestellt sich eine heiße Schokolade. Cornelia steht hinter mir und bestellt sich eine Cola. Die drei Mädchen schauen mich an. Es ist gleich Mitternacht. Ich nehme meine Cola und stoße mit Dirndl an: „Ich hab dich auch lieb." Dirndl lächelt mich an und setzt das Bierglas an. Ich wende mich zu Fannie: „Ich hab dich auch lieb." Fannie lächelt mich an und verbrennt sich die Lippen an der heißen Schokolade. Ich drehe mich um. Cornelia und ich stoßen unsere Colagläser zusammen und wir beide lächeln uns an. Ich umarme die drei Mädchen. Dirndl gibt mir einen Kuss auf die rechte Backe. Fannie gibt mir einen Kuss auf die linke Backe. Cornelia gibt mir einen Kuss auf den Mund.

Ich bin wieder glücklich und erhebe mein Colaglas. Mit Dirndl, Fannie und Cornelia stoße ich noch einmal laut an: „Auf uns! Auf uns, dass wir uns vereinigt haben!“ Plötzlich stimmen alle hier im Saal mit ein: „Auf die Vereinigung!“ Es ist Mitternacht. Überall ist von den Tischen zu hören: „Auf die Wiedervereinigung!“

Aus den Lautsprecherboxen ertönt das Glockengeläut aus Berlin.

Oma steigt auf den Tisch und singt lautstark das Deutschlandlied in den Saal. Alle jubeln ihr zu. Herr Lindenblatt stellt sich zu Oma auf den Tisch und singt mit.

Herr Hüttenheber betritt den Saal. Er wird, unter gellenden Pfiffen, furchtbar ausgebuht. Herr Hüttenheber gibt für alle einen aus und sagt, dass er für alles, was er angerichtet habe, geradestehen wird. Viele können hier nicht mehr ganz gerade stehen und nehmen seine Getränke an. Nur Herr Lindenblatt schaut ganz böse zu Herrn Hüttenheber. Herr Hüttenheber geht mit zwei vollen Biergläsern auf Herrn Lindenblatt zu. Herr Lindenblatt steigt vom Tisch. Herr Hüttenheber reicht ihm die Hand und entschuldigt sich für den Faustschlag auf dem „Danke-Fest“ und so manches böse Wort. Die beiden Herren stoßen miteinander an. Die Bremer und unsere „Junge Gemeinde“-Mitglieder hauen in die Saiten ihrer Gitarren und singen laut: „Give peace a chance“. Alle klatschen mit.

Es ist kaum zu glauben. Herr Lindenblatt und Herr Hüttenheber hauen sich nicht mehr in ihre Gesichter. Beide hauen sich liebevoll auf ihre Schultern. Sie heben ihre Biergläser und rufen in den Saal: „Auf eine neue, sehr schöne Zukunft!“ Die deutsche Wiedervereinigung ist somit perfekt!

Alles freut sich. Nur Fannie klagt. Sie sagt mir, dass sie großen Hunger hat. Ich spreche deshalb die Dame am Tresen an. Auf Essen ist sie nicht eingestellt, doch sie hat noch etwas da und verschwindet in der Küche. Dirndl geht zum Tisch von Mama und Papa. Dort stößt sie mit Papa an. Cornelia geht auf die Tanzfläche und tanzt. Aus den Lautsprecherboxen ertönen, wie einst zur 60-Prozent-Regel, die Puhdys aus dem untergegangenen Staat. Viele tanzen dazu und singen den bekannten Text „Auf Lebenszeit“. Die Dame vom Tresen kommt zurück und reicht Fannie einen Teller: „Bitte. Jagdwurst-Brötchen. Das haben wir noch da.“

Wie im Zentralclub 1972 schon seit eh und je kommt zum Abschluss die „Langsame Runde“. Schmuse-Songs werden gespielt. Ich trinke meine zweite Cola. Juliane und Vokuhila tanzen eng umschlungen. Nolle und Maria auch. Ich will auch tanzen und schaue mich um. Dirndl trinkt mit Papa Bier. Fannie verschlingt die Jagdwurst-Brötchen. Cornelia steht inzwischen bei den Jeansjacke tragenden Fußballfans. Ich stehe allein hier herum.

Ich trinke meine Cola aus und gehe entschlossen zu den Fußballfans. Ich nehme Cornelia aus der Gruppe raus und sage noch: „Bald spielt ihr in der Bundesliga.“ Die Fußballfans jubeln.

Ich tanze mit Cornelia. Sie drückt sich ganz fest an mich. Wir streicheln uns gegenseitig. Mir geht es so gut wie noch nie. Wir schauen uns lange in die Augen. Bald schauen wir uns nicht mehr an, weil wir uns minutenlang küssen. Ich hätte nie gedacht, dass ein neues Kapitel der Geschichte so wunderschön beginnen kann.

Nachdem Udo Lindenberg den inzwischen überholten Song „Mädchen aus Ostberlin“ gesungen hat, flackert das Neonlicht auf und der Saal wird hell.

Nolle, Maria, Juliane, Vokuhila, Fannie, Dirndl, Cornelia und ich verlassen den Zentralclub 1972.

Wir laufen vergnügt die Faulenroster Dorfstraße entlang. Wir haben uns alle eingehakt und singen lautstark deutsche Volkslieder.

Papa fährt mit seinem Traktor an uns vorbei. Auf dem Anhänger stimmen Mama, Oma Martha, die „Junge Gemeinde"-Mitglieder, die Bremer Stadtmusikanten, Herr Lindenblatt und Herr Hüttenheber in den Gesang mit ein.

Nolle und Maria wechseln tanzend die Straßenseite. Unter einem Obstbaum lassen sie sich fallen.

Vokuhila zerrt Juliane in das Bushaltestellenhäuschen.

Fannie, Dirndl, Cornelia und ich laufen singend weiter die Dorfstraße entlang.

Hauptmann Loregang fährt an uns vorbei und winkt uns wohlwollend zu.

Ich rufe ihm hinterher:

„Gute Nacht!"